AF717062

Martina Keiffenheim

Edelhure Nitribitt

Die Rosemarie aus Mendig

Über den Menschen hinter dem Mythos

Impressum

Edelhure Nitribitt

Die Rosemarie aus Mendig – Über den Menschen hinter dem Mythos

Martina Keiffenheim

Erweiterte und verbesserte Neuauflage 2022

Eifelbildverlag

Ein Imprint der Kraterleuchten GmbH,

Gartenstraße 3, 54550 Daun

Verlagsleitung: Sven Nieder

Alle Rechte vorbehalten.

Umschlaggestaltung: Kerstin Fiebig

Gestaltung: Björn Pollmeyer

Lektorat: Kerstin Fiebig

Korrektorat: Tim Becker

Gedruckt in der Europäischen Union, Bookpress, PL

ISBN 978-3-98508-011-3

www.eifelbildverlag.de

Martina Keiffenheim

Edelhure Nitribitt

Die Rosemarie aus Mendig

Über den
Menschen
hinter dem
Mythos

Eifelbildverlag

Aus Gründen des Persönlichkeitsschutzes mussten einige Namen von der Autorin geändert werden.

Inhalt

Prolog

Weihnachten 1956

Am frühen Abend des 26. Dezember 1956 sitzt Christine Vollmer mit ihrer Familie im warmen Wohnzimmer. Es hört gerade auf zu schneien in Niedermendig. Karl, ein guter Freund ihres Mannes, ist zu Besuch gekommen. Die Kerzen brennen am Weihnachtsbaum, die Flammen spiegeln sich im Fenster. In der Dämmerung sind die Umrisse der weißen Bäume und Sträucher im Garten durch das Panoramafenster gerade noch zu erkennen. Das Radio spielt leise weihnachtliche Lieder, dampfender Tee steht auf dem Couchtisch, in einer Schale liegt Selbstgebackenes. Christine Vollmer liest ihrem kranken Sohn aus einem Buch vor. Er liegt mit fiebrig glühenden Wangen auf dem Sofa, hustet und niest. Plötzlich klingelt es. Christine steht auf und öffnet die Tür. Draußen steht Rosemarie Nitribitt, dick in einen Pelz gehüllt und lächelt. Sprachlos vor Freude und Erstaunen schaut Christine Vollmer die Freundin aus Kindertagen an.

»Nur ganz kurz«, sagt Rosemarie. Sie wolle nur mal vorbeischauen und fragen, wie's denn so gehe. Endlich bittet Christine Rosemarie herein. Wie lange hat sie sie nicht gesehen! 6 Jahre? 7 Jahre? Rosemarie setzt sich zu ihnen ins Wohnzimmer und öffnet dabei den Mantel. Ein elegantes Kostüm schaut hervor. Sie ist dezent geschminkt und so unglaublich schlank! Sie sieht aus wie die Frauen auf der Titelseite einer Illustrierten. Rosemarie guckt sich langsam um, betrachtet freundlich Mann und Sohn. Die Jugendfreundin fragt atemlos, einem Trommelfeuer gleich: »Wie geht's dir, Rosemarie? Was machst du, wo wohnst du?« »Es geht mir gut, Christine, ich wohne jetzt in Frankfurt.« antwortet Rosemarie lachend. »Aber wie geht es dir?« »Auch gut, nur unser Sohn ist so erkältet. Warte, ich hole dir auch eine Tasse!« sagt Christine, springt auf und eilt in die Küche. Rosemarie steht langsam auf und kommt ihr nach: »Ich muss wieder gehen Christine, ich wollte wirklich nur mal kurz vorbeischauen.« Christine Vollmer steht mit der Tasse und einem Teller in der Hand in der Küche und betrachtet die attraktive Frau vor sich. »Datt es ett Rös!« denkt sie verwundert. Rosemarie geht zur Haustür, öffnet sie ein bisschen, dreht sich aber noch mal zu Christine um, die immer noch in der Küche steht und das Geschirr festhält. Und dann sagt Rosemarie leise: »Ich beneide dich Christine!« Das ist das Letzte, was Christine Vollmer von der Freundin hört. Zehn Monate später ist Rosemarie Nitribitt tot.

Edelhure Nitribitt

Eine traurige Nachkriegskarriere

Unaufgeklärte Morde reizen seit je her die Phantasie, insbesondere dann, wenn Sex, Geld und Größen aus Politik und Wirtschaft mit im Spiel sind. Rosemarie Nitribitts Ruhm und Faszination als legendäre Edelhure entstanden erst nach ihrem Tod. Dieser Tod jedoch blamierte die Adenauer-Republik als doppelmoralische Anstalt. Aber wieso eigentlich? Es war doch nur eine Dirne ermordet worden. Aber was für eine!

Frankfurt erlebte in den Fünfzigerjahren des vorigen Jahrhunderts die wildeste Phase des Wiederaufbaus seiner bombenzerstörten Innenstadt. Die Trümmer des Krieges waren gerade weggeräumt, Hunger und Elend überstanden. Man wollte Ruhe und Ordnung, war redlich, fleißig und züchtig. Diese Wohlanständigkeit ließ keine unverklemmten Sinnenfreuden zu und mit Währungsreform, regelmäßiger Nahrung und geheizten Räumen hielt in den Schlafzimmern eine auf Keuschheit bedachte Betulichkeit Einzug. Opulentes Sexvergnügen spielte sich nur in den Köpfen, Prostitution nur heimlich und in dunklen Vierteln ab. Im krassen Gegensatz dazu war die Nitribitt real, stand für Klasse, elegante Kleidung und ein Appartement abseits der herkömmlichen Hurenviertel. Sie war das erste Callgirl des Wirtschaftswunderdeutschlands, das auf Mief und Moral der prüden 1950er pfiff, provokant mit Luxusschlitten auf Kundenfang durch Frankfurt tourte und Schäferstündchen zwischen Chippendale, Nippes und Schleiflack bot. Ihre Kunden waren betucht und hochkarätig. Boulevardzeitungen spekulierten über die feinen Kavaliere – für den Mörder der 24-jährigen Rosemarie interessierte sich dann allerdings außer der Kriminalpolizei kaum noch jemand. Dennoch war der größte

Sittenskandal der Nachkriegsgeschichte geboren und für einige Tage sogar interessanter als »Sputnik 2« und die an Bord befindliche Hündin Leika.

Bereits zu ihren Lebzeiten war Rosemarie Gegenstand unaufhörlichen Geraunes gewesen, wozu ihr Lebensstil und ihr täglicher Auftritt mit schwarzem Mercedes SL 190 – damals Sinnbild von Luxus, Erfolg, Solidität und sexueller Stimulans schlechthin –, in Frankfurts Innenstadt und vor dem Nobelhotel Frankfurter Hof (der Eintritt war ihr verwehrt) beigetragen haben. Ihre Inszenierung käuflicher Lust wirkte herausfordernd auf die spießige Gesellschaft, signalisierte er doch, dass ein Besuch bei ihr kein Abstieg war. Mit der Nitribitt im Lokal zu sitzen, gehörte zu den Extravaganzen der späten 1950er Jahre. Sie war sozial anerkannt in einer erfolgsorientierten Gesellschaft. Die moralische Entrüstung setzte erst nach ihrem Tod ein. Denn das es sie und ihre Karriere überhaupt geben konnte, war für die verklemmte Republik aus vielerlei Gründen schockierend.

Für die einen war der Luxus, der Rosemarie umgab, der direkte Ausdruck für die Unmoral ihrer Person und ihrer Arbeit schlechthin. Wie konnte eine, die von ganz unten kam, ›aus diesem unanständigen Gewerbe‹, in so kurzer Zeit und mittels allgemein gültiger Prestigeobjekte – Pelze, Mercedes und kostbarem Schmuck –, Zugang zu einer ›feineren‹ Gesellschaft finden?

Für die anderen war nicht Rosemarie Nitribitt die Verkörperung der Unmoral, sondern ihre Kunden: die Männer, die vom Wiederaufbauwunder profitierten, die es organisierten – Leitfiguren der damaligen Gesellschaft. Ihre Verbindung mit der toten Edelhure machte sie gegenüber der Öffentlichkeit anrüchig.

In ihrem kurzen Leben hatte Rosemarie erfahren: Glück ist käuflich, Liebe vergänglich. Das Einzige was zählt, ist Geld. Haste was, biste was. Sie schlief sich vom Café auf der Kaiserstraße in höhere Regionen der prosperierenden Gesellschaft empor. Ihr Name war ein Markenzeichen. Ihre Telefonnummer und ihr Künstlername Rebekka wurden von Hotelportiers und zufriedenen Kunden weitergegeben. Als Berufsbezeichnung gab sie, ihrem selbstgeschaffenem Image gemäß, ›Mannequin‹ an. Eingeweihte jedoch wussten, was sie tatsächlich war. Sie erschlief sich binnen kurzer Zeit kostbare Garderobe, wertvollen Schmuck, das Cabrio und eine Zwei-Zimmer-Wohnung im Nachkriegsneubau Stiftstraße/Eschersheimer Turm – nobelste Frankfurter Citylage. Im Laufe der Zeit wurde daraus ein Luxusappartement mit dutzenden von Spiegeln in graziösen, vergoldeten Rahmen. Das Schlafzimmer war in leichtem grün tapeziert und wie das Wohnzimmer mit echten Perserteppichen ausgelegt. Ein elfenbeinfarbenes Telefon, ein französisches Bett, eine Frisierkommode und Chippendale-Schränkchen bildeten das Mobiliar. In dieser feinen Wohnung lebte und arbeite Rosemarie. Jung und elegant, sauber und modisch – so haben sie Zeitzeugen in Erinnerung. Sie wirkte nie ordinär, fiel weder durch weit ausgeschnittene Dekolletés, noch durch hochgeschlitzte Kleidung auf. Sie war dezent, so wie ihre zahlende Kundschaft.

Irmgard, Rosemaries Halbschwester erinnert sich: *»So viel geschminkt war meine Schwester nicht. So ein bisschen die Lippen bemalt, ein klein wenig Rouge und Puder, aber sonst hat die sich nicht so geschminkt, sie hat nie übertrieben. Und dann hatte sie immer so eine große Puderdose gehabt und da hat sie mir mit der großen Quaste aus Spaß ganz doll im Gesicht rumgewedelt, das staubte derart, da bekam ich gar keine Luft mehr! Da haben wir immer viel gelacht.«*

Irmgard: Rosemaries Halbschwester

Das Heimkind Rosemarie war zur Grande Dame, das Flittchen zu einer erfolgreichen Geschäftsfrau geworden. Eine Prostituierte ohne Zuhälter. Mit dem zielsicheren Instinkt für das Nach-Oben-Kommen und mit Macht über die Männer. Mit Putzfrau, weißem Pudel, schwulem (bisexuellem)[1] Laufburschen und ansehnlichem Bankkonto. Zwischen 50 und 200 Mark bezahlten die mächtigen Männer ihrer intimen Freundin. Kaum vorstellbar: 1957 allein soll sie 90.000,00 Mark verdient haben.[2] Selten verprasste sie ihren Liebeslohn, sei sparsam bis geizig[3] gewesen. »Zur Tankstelle fuhr sie nur, wenn ein Kavalier ihr den Siebzig-Liter-Tank füllte. Kam es aber doch vor, dass sie selbst bezahlen musste, dann tankte sie nur ein paar Liter und gab keinen Pfennig Trinkgeld. Speiste sie mit ihren schwerreichen Kavalieren, dann geschah es nur in den allerbesten Restaurants. Und wenn sie ausnahmsweise einmal alleine essen musste, dann holte sie vom Krämer nebenan 100 Gramm Aufschnitt und schacherte um Pfennigbeträge«.[4]

Wann genau die bekannteste deutsche Kurtisane ermordet worden ist, lässt sich nicht mehr präzise rekonstruieren. Als die Putzfrau Rosemarie am 1. November 1957 findet, ist sie schon mehrere Tage tot. Mit einem Nylonstrumpf erwürgt, liegt sie, mit einem anthrazitfarbenen Kostüm komplett bekleidet, neben der Couch im Wohnzimmer. Von dem Mörder der 24-jährigen fehlt bis heute jede Spur, die Akte ist noch immer nicht geschlossen. Und so brodelten damals die Gerüchte über das Tatmotiv und kochen auch heute von Zeit zu Zeit in der Presse wieder hoch: war Rosemarie aus Liebe, Eifersucht, Rache oder Geldgier umgebracht worden? Hat sie etwa Politiker erpresst? Wirtschaftsspionage betrieben? Oder war da am Ende einfach nur ein Zuhälter, der sich ihr als »Beschützer« aufdrängen wollte? Es gibt dazu keinerlei neue Erkenntnisse.

Die Polizei fahndete 1957/1958 fieberhaft. Das berühmt-berüchtigte Notizbuch, das der Ermittlungsakte beiliegen und Kundenadressen, weit über Frankfurts Grenzen hinaus, beinhalten soll, führte sie jedoch nicht auf die Spur des Mörders. Das

Geheimnis ihrer prominenten Kunden nahm Rosemarie mit ins Grab. Allein ein Name wurde bekannt: Harald Krupp von Bohlen und Halbach (†1983). Rosemarie soll ein Foto von ihm auf ihrem Nachttischchen stehen gehabt haben. Ein Freund der Familie wollte den Großindustriellen aus den Skandalen heraushalten und soll das Portrait nach dem Mord aus ihrer Wohnung entfernt haben.[5]

Obwohl Hunderte von Spuren verfolgt wurden, verliefen die Ermittlungen im Sand. Der einzige Tatverdächtige, den die Kripo verhaften konnte, war der damals 39-jährige Handelsvertreter Heinz Christian Pohlmann, ominöser Freund und Begleiter Rosemaries. Stundenlang wurde er verhört. Auf die Frage, ob er wüsste, welche Männer Rosemarie bei der Einrichtung ihrer Wohnung finanziell unterstützt hatten, gab er den Beamten aber nichts Konkretes zu Protokoll. Er sagte nur: »Sie (Rosemarie) sprach lediglich in der letzten Zeit von einem der reichsten Männer Deutschlands, den sie zur Zeit als Freund habe. Den Namen hat sie mir nie genannt. Da sie von diesem Mann in ihrer Wohnung eine Fotografie hatte und mir dann später die Frankfurter Illustrierte zeigte (hier waren einige reiche Persönlichkeiten abgebildet. Anm. d. Autorin) und sie uns dann später einmal Wein einschenkte, und zwar aus einer Flasche, die mit der Krupp'schen Weinkellerei etikettiert war, habe ich angenommen, dass es sich hier um ein Mitglied der Familie Krupp handeln müsse.«[6]

Verteidigt wurde der Angeklagte Pohlmann von einem Mann, der schon in Nürnberg Hitler-Stellvertreter Rudolf Heß vor der Todesstrafe rettete: Dr. Alfred Seidl, später Innenminister in Bayern. Nach elfmonatiger U-Haft und 13 Prozesstagen im Frankfurter Schwurgericht wird Pohlmann aus Mangel an Beweisen freigesprochen.

Tatsächlich hatte sich die Polizei bei der Spurensicherung Schnitzer erlaubt. Die Ermittlungen glichen in einigen Punkten eher einer Kriminalgroteske als zielstrebiger Aufklärungsarbeit in einem Mordfall. So ist etwa bis heute nicht die genaue Todeszeit bekannt, weil die Kripo vergessen hatte, die in der Wohnung herrschende Temperatur zu messen. Der Verwesungsgrad der Leiche konnte nicht mit Sicherheit bestimmt werden. Sie unterließen es auch, die leeren Brötchentüten sicherzustellen, nachdem die Putzfrau der Nitribitt in ihrer Aufregung um ihre tote Arbeitgeberin den vertrockneten Inhalt in sich hineingeschlungen hatte. Dafür hält ein Beweisstück die Kripo auf Trab: ein Männerhut. Die Beamten fahnden tagelang nach dessen Besitzer, der schließlich auch gefunden wird: Kriminalhauptkommissar a.D. Helmut Konrad. Der hatte seinen Hut bei der Tatortbesichtigung auf den Boden gelegt, weil an der Garderobe im Flur kein Platz mehr gewesen war.

Pohlmann hingegen avancierte dank der bundesdeutschen Regenbogenpresse zum meist bemitleideten Mann der Republik. Er, der sich bis dato mit Unterschlagungen und Betrügereien über Wasser gehalten hatte, erhielt durch die Bekanntschaft mit Rosemarie einige nennenswerte Beträge.

So verkaufte er der Illustrierten ›Quick‹ seine »Erfahrungen und Erlebnisse mit Rosemarie«, inklusive seiner Hafterfahrungen und Unschuldsbeteuerungen. Ein in einschlägigen Kreisen bekannter Hamburger Anwalt kaufte ihm im Sommer 1959 für 50.000,00 DM die ›Persönlichkeitsrechte‹ ab.

Auftraggeber des Anwalts: ein Prominenter aus dem Kundenkreis der Nitribitt. Sein Name blieb unbekannt. Selbst eine Filmrolle für 10.000,00 DM Gage wurde ihm von den Produzenten Hartwig/Fritko angeboten.

Wenn Heinz Pohlmann doch der Mörder gewesen sein sollte, hat er sein Geheimnis mit ins Grab genommen. Pohlmann verstarb 1995 in München.

Für Bevölkerung, Presse, Autoren und Filmproduzenten war der Name Nitribitt auch Jahre nach dem Mord zugkräftig und regte die Phantasie an.

Bereits ein halbes Jahr nach ihrem Tod schrieb Erich Kuby das Drehbuch über ›Das Mädchen Rosemarie‹. Regisseur Rolf Thiele (†1994) inszenierte diese Satire auf die »Wirtschaftswundergesellschaft«, Nadja Tiller spielte die Hauptrolle. In einer Mischung aus realistischer Darstellung und kabarettistischer

Übertreibung gestattete der Film scheinbar einen Blick in die Welt der Industriekapitäne und ›Unternehmer, die zur Kundschaft der Nitribitt gehörten. Die bundesdeutsche Gesellschaft erschien als konsum- und machtorientiert, politisch und sexualmoralisch konservativ. Die Dreharbeiten gestalteten sich äußerst schwierig, sie wurden von Firmen und Personen behindert, die um ihre Reputation fürchteten. Noch ehe der Film in die Kinos kam, sorgte die Freiwillige Selbstkontrolle der Filmwirtschaft (FSK) für eine ›Entschärfung‹ des Streifens und verlangte, ihn nicht »zur Vorführung unter 18 Jahren« freizugeben. Die Uraufführung am 28. August 1958 in Frankfurt am Main sorgte für Aufruhr und Massenansturm. Das Auswärtige Amt fürchtete um das internationale Ansehen der Bundesrepublik und wollte im selben Jahr sogar die Aufführung des Filmes auf der Biennale in Venedig im selben Jahr verhindern. Erfolglos. Der Münchner Filmproduzent Ludwig (Luggi) Waldleitner (†1998) hatte die Filmrollen, versteckt unter der Matratze seines Schlafwagens, nach Venedig geschmuggelt. Dort erwies sich der Thiele-Film »als eine der wenigen Arbeiten, mit denen der deutsche Film einige Ehre einlegen kann«. Im Ausland reagierte man nicht annähernd so hysterisch und würdigte vor allem die schauspielerische Leistung der Darsteller. »Das Mädchen Rosemarie« gilt als Klassiker und wurde der erfolgreichste Film des Jahres 1959.

Wenig später schrieb Erich Kuby den Roman zum Film unter dem Titel: ›Rosemarie, des deutschen Wunders liebstes Kind‹. Das Buch wurde ein Bestseller und in 17 Sprachen übersetzt.

›Die Wahrheit über Rosemarie versprach der Film des Produzentenpaares Hartwig/Fritko zu werden und garantieren sollte das eben jener Handelsvertreter Heinz Pohlmann – Freund und Begleiter Rosemaries zu Lebzeiten. Die Produzenten engagierten ihn als Hauptdarsteller, »obgleich ein gutachtender Psychiater ihm äußerste Unglaubwürdigkeit bescheinigte und er noch immer, wie der Frankfurter Oberstaatsanwalt Wolf sagte, dringend der Tat verdächtig ist«[7] und drehten schnell 400 Meter Film, bevor Pohlmann wegen diverser Betrugsdelikte wieder seine Zelle im Frankfurter Untersuchungsgefängnis beziehen musste. Aufgrund des imposanten finanziellen Erfolges, den der Thiele-Film eingebracht hatte, zeigten sich die Kino-Inhaber und Theaterbesitzer Frankfurts sehr interessiert an dieser Neuverfilmung: die Biographie der Nitribitt »von der frühen Jugendzeit in der Gosse bis zum SL« – unterbrochen von den in Großaufnahme gesprochenen Kommentaren Pohlmanns. Der zog sich aber später aus diesem Geschäft zurück und der Schauspieler Jan Hendriks übernahm seinen Part. Der Film erntete nach seiner Ausstrahlung im Dezember 1959 harsche Kritik und wurde auch nicht im Fernsehen gezeigt. »Dieser Film ist nichts als ein unzulänglicher (weil unpointierter) Kriminalfilm mit prostitutionellen Einlagen, halb Dirnen-Menetekel und halb Schauerfilm. (...) Man merkt dem Drehbuch noch an, dass es einmal als eine Rechtfertigung Pohlmanns gegenüber dem Staatsanwalt gedacht war. Die Intimitäten, die da ausgebreitet werden, stammen samt und sonders von ihm. (...) Ein neuer Versuch, aus der Dame Nitribitt Kapital zu schlagen. Man sollte den ganzen Fall der Staatsanwaltschaft überlassen.«[8] »Als Titeldirne vermag die Engländerin Belinda Lee allenfalls mit ihrer attraktiven Körperlichkeit vorzutäuschen, es handele sich hier um Wirklichkeit.«[9]

In der Mainzer Fastnacht 1958 sangen die Hofsänger fröhlich: »Dafür benutz' ich nit die Bitt ...«.[10] Auf dem Frankfurter Weihnachtsmarkt wurde das herkömmliche Lebkuchenherzen-Sortiment im Dezember 1957 um eine aktuelle Zuckergussaufschrift erweitert: ›Nitribitt II‹[11]. Nitribitt-Witze kursierten. Hunderte. Man erzählte sie nicht hinter vorgehaltener Hand, sondern fröhlich am Stammtisch, im Café, auf der Straße. Gemeint war aber nicht das brutal getötete Mädchen. Der Name Nitribitt (»Das klingt ja wie Sprengstoff.«) war längst losgelöst von der Person, die ihn führte. Er stand für Luxus, Laster und Lotterleben, für das Halbseidene, das Dolce Vita. So dichtete zum Beispiel der ehemalige Abgeordnete des Deutschen Bundestages, Georg Dewald, munter in der Zeitschrift ›Der Spiegel‹:[12]

Nitrit und auch Nitribitt
Beide sind sie Gifte
Das eine macht den Magen sick,
Das andere schwächt die Hüfte.

Nitrit und auch Nitribitt
Füllt das Konto »Haben«,
In den Kassen: Klick, klick, klick,
Über uns die Raben.

Nitrit und auch Nitribitt,
Wirtschaftswunderzeichen.
Was bleibt übrig? Nichts als Shit
Und am Ende – Leichen.

Der damals 66-jährige Georg Dewald, Tapeziermeister von Beruf, spielte noch auf einen anderen Skandal der Zeit an: den Nitrit-Skandal. Metzger mischten damals unerlaubte Mengen Nitrit unter ihre Ware, die daraufhin zwar rosig schönes Fleisch offenbarte, aber gleichzeitig giftig war.

Ein Kuriosum besonderer Art war die Erfindung und Herstellung einer illegalen »Nitribitt -Sondermarke«, die – nach Ansicht von Fachleuten –, eine ›grafisch ausgezeichnete Arbeit‹ war. Fieberhaft fahndete die Bundespost 1968 nach den Urhebern. Die Bevölkerung wurde bei der Suche nach den unbekannten Herstellern um Hilfe gebeten und aufgefordert, die pornographische ›Rosemarie-Marke‹ sofort beim nächsten Postamt abzugeben. Die rote 30-Pfennig-Briefmarke trägt die Inschrift ›Deutsche Bundespost, 1958–1968. Zehn Jahre Trauer um R. Nitribitt‹. Sie entspricht in ihrer Größe den Wohlfahrtsmarken und zeigt eine unbekleidete Frau mit einem Dolch in der Brust. Außerdem ist eine Waage mit zwei Schalen abgebildet. In der einen Schale liegt Geld, in der anderen ein Herz.[13]

Mit der Briefmarkenaktion verabschieden sich die ständigen publizistischen Begleiter für eine Weile. Nur alle Jahrzehnte erscheint hier und da mal ein Artikel oder eine Reportage zu Rosemaries Todestag bzw. zu dem ungelösten Mordfall, ohne Neues zutage zu fördern.

Eine interessante Variante des Themas ›Rosemarie Nitribitt‹ inszenierte Buchautor und Regisseur Horst Königstein 1985. Unter dem Titel ›Die eigene Geschichte‹ schrieb er für den NDR/WDR eine fiktive Story über Rosemarie als noch lebende, fünfzigjährige Geldverleiherin, die von einem Frankfurter Stadtrat ein Denkmal für sich fordert. Mit Carola Regnier in der Titelrolle, Heinz Baumann als Stadtrat und Bodo Kirchhoff als einen, der sich dringend Geld leihen will, aber nicht dazu kommt.

Mit den ›German Classics‹ 1996, einem Remake von Leinwandklassikern aus den 1950ern, wird ›Rosemarie‹ wieder in großem Stil und mit herkömmlicher Story erneut verfilmt. Eichingers Neuinszenierung des Thiele-Films ist nicht gesellschaftskritisch, aber detailfreudig und unterhaltsam. Ein gelungenes Melodrama, das erzählt, wovon Kino immer erzählt: von Liebe und Tod.

Warum ich dieses Buch schrieb

Provinzialin Schwester M. Roswitha Wanke:
»Es sind doch schon zwei Filme und ein Buch über Rosemarie Nitribitt erschienen! Können Sie denn mit Ihrem Buch noch Wesentliches hinzufügen? Und vor allem, sind die Aussagen Rosemarie, ihren Angehörigen und den Menschen überhaupt hilfreich?«

Jutta W. Thomasius, Frankfurter Journalistin (*1923 † 2019):
»Ich finde es falsch, wenn man heute in ihr eine tragische Figur sieht. Rosemarie hat doch ihr Leben genossen. Das, was sie hatte, hat sie auch richtig genossen. Die hat sich darüber auch keine Gedanken gemacht, dass sie abends im Kämmerchen oder morgens, wenn sie aufwachte, eine einsame Frau war! Dazu war sie viel zu realistisch.«

Es waren besonders diese Meinungsäußerungen, die mich dazu brachten, das Buch zu schreiben. Ich wollte mir ein eigenes Bild von Rosemarie Nitribitt machen, wollte herausfinden, welche Darstellung Rosemarie am ehesten gerecht wird.

Die Recherche über ihre Kindheit und Jugend war nicht leicht und endete oft in einer Sackgasse, weil ausgerechnet ›diese eine‹ Akte fehlte oder Schreiben schon längst vernichtet worden waren, weil es das Gebäude nicht mehr gab, die Adresse nicht mehr stimmte, weil Zeitzeugen schon gestorben waren oder noch lebende auch anonym nichts erzählen wollten … oder Menschen, die sich als Zeitzeugen ausgaben, gar keine Zeitzeugen waren. Es existieren (bis auf die abgebildeten Fotos im Buch) auch keine Kinder- und Jugendfotografien von Rosemarie mehr. Wie viel einfacher und attraktiver war es da bisher für die Film- und Fernsehwelt gewesen, die letzten zwei Lebensjahre Rosemaries als ›berühmteste Kurtisane des Wirtschaftswunderdeutschlands‹ zu vermarkten. Trotzdem hat mich die Idee, Fakten zu sammeln, die Rosemaries Leben ein bisschen erhellen, nicht mehr losgelassen. Und selten in meiner langjährigen Arbeit als Journalistin ist die Recherche so fesselnd gewesen, hat mich ein Thema – ein Mensch – so gebannt. Immer dann, wenn das Kartenhaus zusammenzustürzen drohte, kam von völlig unerwarteter Seite wieder ein Hinweis, dem ich nachgehen konnte. Aus den vielen Puzzleteilen entstand dieses Buch, mit dem ich weder mahnen, noch belehren, weder verurteilen noch anschwärzen will.

Ich möchte den Leser*innen ein Buch anbieten, das die Lebensgeschichte einer bemerkenswerten Außenseiterin erzählt. Denn, abgesehen von moralischen Standpunkten aus gesehen, muss Rosemarie eine starke Persönlichkeit gewesen sein, die es geschafft hat, aus ärmlichen, freudlosen und aussichtslosen Verhältnissen kommend, zu einer erfolgreichen Geschäftsfrau zu werden.

Es stimmt sicher, dass Rosemarie den Luxus, den sie sich erarbeitete, auch genoss. Warum auch nicht? Und genau so stimmt es, dass Rosemarie ein realistischer Mensch war. Zeit zum Träumen wird sie kaum gehabt haben in dem kurzen Leben, das sie lebte und leben musste.

Was mir Unbehagen bereitete, war die Behauptung von Jutta W. Thomasius, der Grande Dame der »Frankfurter Neue Presse«, in einem Fernsehinterview, Rosemarie habe sich »nie Gedanken gemacht, dass sie eine einsame Frau war«.

Dieses Urteil erschien mir sehr leichtfertig. Kein Mensch vermag in den anderen hineinzusehen, selbst wenn man sich noch so nahe steht.

Rosemarie wusste sehr gut: Luxus ist nicht alles. Nach außen hin, verpackt in Chanel und Dior, zeigte sie sicherlich keine Anzeichen von Einsamkeit oder Traurigkeit. Das hätte ihrem Gewerbe nur geschadet. Wer würde sich schon zu einem Trauerkloß auf die Bettkante setzen? Es gab zwar kleine Liebesaffären in Rosemaries Leben, doch Familie und Kinder, die sie so gerne mochte, und einen Partner, der sie liebte und nur für sie da war, hatte Rosemarie nie.

Im Gegensatz zu Frau Thomasius ist Rosemarie für mich auch sehr wohl eine tragische Figur und repräsentiert eines der vielen brutalen Schicksale unserer Gesellschaft. Ohne Psychologie studiert zu haben, kann wohl jeder Mensch nachvollziehen, wie wertvoll es für Heranwachsende ist, in einem geschützten, liebevollen Umfeld bzw. in einer liebevollen Familie groß zu werden und daraus gestärkt hervorzugehen. Und was es vielleicht für das Leben als Erwachsener bedeuten kann, wenn diese Geborgenheit immer gefehlt, elterliche Liebe nicht oder zu wenig erfahren worden ist. In den Jahren nach 1945 zogen mehr als 100000 Kinder und Jugendliche bindungs-, heimat-, berufs- und arbeitslos durch Deutschland. Soziologische Studien kamen zu dem Urteil, dass nur zehn Prozent der Familien Ende der vierziger Jahre »heil« waren.

Hinzu kam, dass fast zwei Jahrzehnte, von 1949 bis 1967, das geistig-politische Klima im Westen Deutschlands vor allem konservativ war. Man setzte sich in erster Linie für eine Politik ein, die kinderreiche Familien fördern und propagieren sollte. Somit stand man z. B. auch der Erwerbstätigkeit von Müttern ziemlich ablehnend gegenüber.

Franz-Josef Wuermeling, (CDU), Familienminister der Bundesrepublik Deutschland von 1953 bis 1962, organisierte »Kampagnen gegen Schmutz und Schund« und wetterte gegen Sexualität und deren Thematisierung in Kunst und Literatur.

Zugleich waren es aber auch die Jahre des fleißigen Wiederaufbaus und einer neuen eigenen, deutlich sichtbaren Jugendkultur. Denn die rebellischen Jugendlichen der fünfziger Jahre schlugen kräftig über die Stränge. Sie wollten anders leben. Äußerlich mit Nietenjeans und Petticoat bewaffnet, sind sie die Ersten, die massive Veränderungen der Gesellschaft einläuten. Umso verbissener hielt genau diese Gesellschaft an den überkommenen Idealen und Strukturen fest. Wer es wagte, aus dem elterlichen Umfeld, der Dorfgemeinschaft auszubrechen und sich neue Freiräume suchte, riskierte rasch, ins Blickfeld der Jugendfürsorge zu geraten. Und es waren damals nicht selten nichtige Gründe, die zur Einweisung in die Erziehungsanstalten führten. Jugendbehörden, Gerichte, Lehrer, Nachbarn, Eltern, aber vor allem die damals noch einflussreichen Kirchen legten fest, was gut und böse, wer brav und wer ungezogen war und ab wann ein Mädchen als »sexuell verwahrlost« zu gelten hatte. Sie verkündeten als eine Art Naturgesetz, dass z. B. die uneheliche Geburt eine Schande sei. War man erst einmal eingewiesen in ein Heim, so war man auch nach Kriegsende der Pädagogik der zwanziger und dreißiger Jahre ausgeliefert. Erst Ende der sechziger, Anfang der siebziger Jahre kam es wirklich zu einem Umdenken in der Erziehung in Deutschland.

Aufgrund meiner Recherchen teile ich daher die Auffassung eines anderen Journalisten der Frankfurter Neue Presse, der kurz nach Rosemaries Ermordung folgendes veröffentlichte: »Jedes Ladenmädchen, das abends von seinem Freund abgeholt wird, ist tausend Mal glücklicher, als sie es jemals war, und alles, was sie getan hatte, war gebüßt, als ihr die Hand des Mörders an die Kehle fuhr, denn in dieser letzten, winzigen Frist, die ihr noch vergönnt war, muss alles, was sie bis dahin für wichtig gehalten hatte, tosend eingestürzt sein.«[14]

Wie war der Mensch Rosemarie und was sagen diejenigen über sie, die sie kannten? Was war das für eine Zeit, in der Rosemarie lebte und was hat sie alles erlebt und ertragen? Wie wurde sie zu der Frau, die sie war?

Das waren die Themen, die mich interessierten, die mich in die Recherchen über ihre Kindheit und Jugend stürzen und dieses Buch schreiben ließen.

Düsseldorf

1933–1939

Louis Nitribitt und Katharina Auguste, geborene Bräutigam, sind die Großeltern von Rosemarie. Ihr einziges Kind, Maria Rosalie Nitribitt wurde am 25. Januar 1915 in Düsseldorf geboren und sollte den Eltern wenig Freude bereiten.[15] Denn ihre Tochter ist noch ledig und minderjährig, als sie am Mittwoch, den 1. Februar 1933 in Düsseldorf ein Mädchen zur Welt bringt. Sie tauft es Maria Rosalie Auguste, aber es wird zeitlebens nur Rosemarie gerufen, Rosemarie Nitribitt.

Rosemarie Nitribitt ist in eine Zeit hineingeboren worden, in der viele erregt dem Aufbruch entgegenfieberten. »Es geht vorwärts!«, »Es geht aufwärts!«, »Sieg!« war in den Gesichtern zu lesen – nachdenklich abwägende Menschen standen damals nicht hoch im Kurs, denn sie behinderten den Marsch in die bessere, schönere Zukunft. Die Auswirkungen der Weltwirtschaftskrise 1929 und die Vorbehalte weiter Teile der Bevölkerung gegen die Weimarer Republik ließen das Wählerpotential der NSDAP rapide in die Höhe steigen. Damals argumentierte man nicht, jedenfalls nicht öffentlich, sondern man war überzeugt.

Hitler war am 30. Januar 1933 durch Reichspräsident Paul von Hindenburg zum Reichskanzler ernannt worden. Die Abendausgabe der Düsseldorfer Nachrichten meldet das große Ereignis des 1. Februar: »Voraussichtlich noch heute Reichstagsauflösung«. Hitler hatte sich über den geleisteten Verfassungseid hinweggesetzt und Neuwahlen für den 5. März festgelegt. Alle waren begierig zu erfahren, wie es nach der Machtübernahme durch den ›Führer‹ nun weitergeht, was es auf sich hat mit der ›Partei‹. Es tauchten plötzlich Broschüren in Schulen und an

Arbeitsplätzen auf, in denen dramatisch die Geschichte vom Aufstieg Hitlers vom ›unbekannten Gefreiten des Weltkrieges‹ zum ›Führer und Retter der Nation‹ geschildert wurde. Immer häufiger beherrschten in Düsseldorf Braunhemden und Braunröcke mit Fanfaren-Klang und Märschen die Straßen und Plätze. Ständige Berieselung, allgegenwärtige Propaganda, unermüdlich wiederholte Ansprachen und Ermahnungen peitschten die Emotionen bei der Bevölkerung hoch. Appelle wurden in der Öffentlichkeit übertragen. Der begleitende Ruf ›Heil Hitler!‹, ursprünglich eine Parole unter Nationalsozialisten, wurde nun zur allgemeinen Verpflichtung für ein ganzes Volk. Das System zwang zum Bekenntnis. Eine neutrale Haltung war unerwünscht und bald auch nicht mehr möglich. Nach und nach wurden die demokratischen Grundrechte außer Kraft gesetzt, die politischen Gegner verhaftet und der Führerstaat installiert. Im März 1933 strömten so viele neue Mitglieder in die NSDAP (›Märzgefallene‹), dass alsbald eine kurzzeitige Aufnahmesperre verfügt werden musste. Immer penetranter appellierte die Partei übers Radio, auf Plakatwänden und mit öffentlichen Reden an die Menschen, jeder habe sich für die Volksgemeinschaft einzusetzen, müsse mitarbeiten am großen Aufbauwerk des Führers.

Propagandakampagnen schworen Frauen, die den rassischen Kriterien der Nationalsozialisten genügten, auf ihre vorrangige Rolle als Mütter ein und machten ihnen ihre Verantwortung für das Volk bewusst. Anstatt mit Männern um Arbeitsplätze, Karrieren und sexuelle Freiheiten zu konkurrieren, sollten sie viele Kinder gebären und großziehen. So sollte der Welt eindrücklich vermittelt werden, wie sehr Deutschland Lebensraum benötigt. In erster Linie war die verheiratete Frau aufgefordert. Die Ehe war nun kein Selbstzweck mehr, sondern Mittel zur ›Vermehrung und Erhaltung der Art und Rasse‹. Außerdem hatte die Ehefrau für den Mann die häuslichen Voraussetzungen zu schaffen, damit er in Beruf und Politik erfolgreich sein konnte. Die Frau sollte ›Wächterin der Familie, Mutter ihrer Kinder, und gehorsame Helferin ihres Mannes sein‹.

Rosemarie wohnt zusammen mit ihrer Mutter in der Annastraße 9 in ärmlichsten Verhältnissen. Der Vater kümmert sich nicht um die beiden, Rosemarie wird ihn auch nie kennenlernen. Maria Nitribitt verdient gelegentlich mit Putzen ein bisschen Geld. Als ledige, minderjährige Mutter steht sie auf der untersten Sprosse der sozialen Leiter. Aber dadurch, dass sie ihre drei Kinder von drei verschiedenen Männern bekommt, entspricht sie eh nicht dem nationalsozialistischen Frauenbild. Die arische Einehe war die Idealvorstellung der Nazis: sie allein ermöglichte eine Zusammenführung hochwertiger Erbstämme zur Menschenzeugung, sowie eine Ausmerzung minderwertiger Erbstämme. Außerdem erhebe die Einehe den männlichen Eros aus den Niederungen des rein Animalisch-Triebhaften zu den Höhen einer sittlichen Beglückung. Bei der freien Liebe sei ›der gegenseitige Antrieb zur Vereinigung lediglich in erotischen Gefühlen enthalten‹ und das ›Zusammenströmen der keimplasmatischen Anlagen beider Eltern lediglich dem Zufall überlassen‹. Abtreibungen waren ›rassisch wertvollen‹ Schwangeren strafrechtlich verboten und wurden moralisch drastisch verurteilt. Alle Kliniken für Geburtenkontrolle wurden geschlossen. Die Dienste von Kurpfuschern und Engelmacherinnen waren häufig lebensgefährlich und zu teuer. Und so kommt, zwei Jahre später, Rosemaries Halbschwester Irmgard auf die Welt. Auch sie ist kein Wunschkind, die Kinder sind der Mutter lästig.

Irmgard: *»Meine Mutter hat uns verkommen lassen. Die hat nie für uns Kinder etwas getan, auch nicht für meine Schwester. Die ist immer auf Jück gegangen und dann kam das Jugendamt und hat uns geholt.«*

Das Jugendamt Düsseldorf ist grundsätzlich Vormund über alle innerhalb der Stadt geborenen außerehelichen Kinder. Die Töchter werden Maria Nitribitt weggenommen und das Sorgerecht wird ihr entzogen, weil das Jugendamt sie als »schwachsinnig«[16]

einstuft. Sie sei unfähig, sich ordentlich um die Kinder zu kümmern. Rosemarie ist 3 Jahre alt, Irmgard gerade mal 8 Monate, als sie zusammen im Kinderheim St. Josef in Eschweiler untergebracht werden.

Rosemarie war in der Gruppe von Schwester Hilberta Stein vom Orden der Armen Dienstmägde Jesu Christi, die dieses Heim 1889 gründeten und leiteten. Bis 1992 hat Schwester Hilberta noch in Eschweiler gearbeitet, danach kehrte sie in das Mutterhaus in Dernbach bei Montabaur zurück. Bis zu ihrem Tod lebte sie in dem Altenheim des Ordens, war zeitweise geistig verwirrt, wie die Provinzoberin des Ordens auf Nachfrage mitteilte. Erinnerungen an die vergangenen Tage hätten Schwester Hilberta zu sehr aufgeregt, so dass ich von einem Interview mit ihr absah. Keine der Schwestern, die vor 1950 in Eschweiler tätig waren, ist mehr am Leben. Das alte Kinderheim wurde im Krieg vollkommen zerstört, aufgrund dessen auch keine Akten, Aufzeichnungen oder Bilder mehr vorhanden sind. Alle vorhandenen schriftlichen Aufzeichnungen beziehen sich auf die Nachkriegszeit, in der das Kinderheim wieder aufgebaut wurde.

Maria Nitribitt bekommt im April 1937 in Düsseldorf das dritte Kind und nennt es Lieselotte. Rosemarie hat diese Halbschwester nie kennengelernt, denn die Mutter verschweigt die Existenz von Lieselotte gegenüber Irmgard und Rosemarie. Erst Ende der 1970er Jahre erfährt Irmgard durch das Rote Kreuz, dass sie noch eine Schwester hat. Lieselotte schämt sich ihres Namens und ihrer Vergan-

Essen im Heim

genheit. Der Skandal um ihre tote Schwester belastet sie sehr. 1959 verlässt sie, schwer erkrankt, Wuppertal und kommt als Lieselotte Bittner in der Lungenheilanstalt Aprath in Wülfrath in Behandlung. Neun Monate verbringt Lieselotte in der Klinik, doch sie wird nie mehr so richtig gesund. Irmgard lernt Lieselotte Anfang der 1980er Jahre kennen, doch die beiden Schwestern haben nicht mehr viel Zeit miteinander. Die magersüchtige Lieselotte stirbt 1984 im Alter von 47 Jahren an Lungenembolie im Lukas-Krankenhaus in Neuß.

Irmgard: *»Meine Mutter war ja genau wie meine Schwester! Das mit uns, das ist ihr ja dreimal passiert! Davon hat das Rosemi das ja auch. Wer die drei Väter von uns dreien sind, weiß ich nicht.«*

Im September 1938 sind Rosemarie und Irmgard wieder in Düsseldorf und kommen in das Erziehungsheim St. Josef im Stadtteil Heerdt. Hier werden sie von den Arenberger Dominikanerinnen erzogen. St. Josef wurde von Bomben zerstört, deshalb existieren auch keine Unterlagen oder Meldekarten mehr. Auf dem Gelände entstand das Dominikus-Krankenhaus.

Rosemarie links, 5 Jahre/Irmgard rechts, 3 Jahre mit der Mutter

Nur noch für kurze Zeit ist die Düsseldorfer Bevölkerung unbeschwert und genießt Sensationen wie diese: Cilly Feindt, Schauspielerin der Kategorie ›naive Liebhaberinnen‹, sitzt hoch zu Ross auf der Königsallee, sammelt für das Winterhilfswerk und gibt Autogramme. Zusammen mit Marikka Rökk hatte sie in dem musikalischen Ausstattungslustspiel ›Leichte Kavaliere‹[17] vor der Kamera gestanden. Auch Fritz Genandt, Direktor des Düsseldorfer Apollo-Theaters, veranstaltet außergewöhnliche Aktionen, um auf sein Varieté- und Filmtheater aufmerksam zu machen. Einmal ist es Elefant Toto, der mit seinem Wärter auf den »blütenerfüllten Straßen Düsseldorfs«[18] mit einem Reklame-Sattelschild für die Vorstellung ›Die Unschuld vom Lande‹ wirbt. Ein anderes Mal ist es die Trapez-Künstlerin Camilla Meyer[19], die waghalsige Kunststücke auf dem Apollo-Theaterdach zeigt. Tausende Schaulustige füllen die Straßen und bestaunen die Artistin, die dort oben an einer langen Stange ohne Netz 60 Meter hoch über der Straße zum Besten des WHW, des Winterhilfswerks turnt. Und unten auf der Straße verkaufen Braunhemden Anstecknadeln und Anhänger für des ›Führers Volkswohlfahrt‹. Das Geld wurde für den Not leidenden Nächsten bzw. Arbeitslosen gesammelt. Kernidee dieses Hilfswerks war die Entlastung der staatlichen Arbeitslosenfürsorge durch Opfergaben aller gesellschaftlichen Gruppen. Allerdings erhielt niemand Einblick in die Verwendung der Gelder. Die Abzeichenserien dienten dazu, die Bürger im Sinne der Nationalsozialisten zu beeinflussen.

Rosemarie und Irmgard erleben 1938/39 einen sehr kalten und schneereichen Winter in Düsseldorf. Der Rhein ist zugefroren. An das Streuen von Salz denkt keiner, der Schnee wird einfach beiseite geräumt. Auf wenig befahrenen, abschüssigen Straßen wird er, zur Freude der Kinder, zum Rodeln liegen gelassen.

Das Jugendamt Düsseldorf sucht nach Pflegeeltern für die beiden Nitribitt-Mädchen, die Ende Mai 1939 schließlich auch gefunden werden. Rosemarie und Irmgard kommen nach Niedermendig in die Eifel.

Die Rosemarie aus Mendig[20]

Endlich ein Zuhause

Niedermendig. Die 3000-Seelen-Gemeinde ist der Mittelpunkt der Pellenz, einer sanft gewellten Landschaft zwischen den Ausläufern der Eifel und der Rheinebene. Eingebettet zwischen erloschenen Vulkanen und Seen, mit vielen Äckern und Wiesen, herrlichen Wäldern und gesundem Wasser aus einer der zahlreichen Quellen. Pellenz ist der historische Name, abgeleitet von den Pfalzgrafen, die im frühen Mittelalter ihre Burg am Laacher See besaßen und das berühmte Kloster Maria Laach als Grablege gründeten. Niedermendig liegt zwischen den Städten Andernach, Koblenz und Mayen.

Das Rathaus von Niedermendig, um 1939

Niedermendig, Niederstraße, 1939

Es ist eine arme Gegend. Die Bevölkerung ist überwiegend katholischen Glaubens. Ein reines Arbeitnehmerdorf mit verhältnismäßig wenig Landwirten, Handwerkern und Geschäftsleuten. Generationen gingen hier in den unterirdischen Steinbrüchen als Steinhauer, Steinmetze und Steinbrecher, ›Layer‹ genannt, ihrem Broterwerb nach. Die ›Lay‹, das ist der Steinbruch. Ob über oder unter Tage, auf dem Bau oder in den Gruben – es war Knochenarbeit. Die Menschen hier mussten schon immer körperlich schwer arbeiten und wurden dadurch stark geprägt. Die Straßen und Häuser wirken zum Teil heute noch nüchtern, geradezu streng, und spiegeln das harte Leben der vergangenen Jahre wieder.

Stadtarchivar Ottmar Schneider: *»Dieser Menschenschlag ist nicht so lustig und locker wie die Kölner, aber auch nicht so unbeweglich und schwer wie Regionen, die noch weiter westlich von uns liegen. Eine Anbindung an Städte wie Mayen, Andernach und Koblenz war schon gegeben. Man hat das Geld hier nicht so leicht verdient und deshalb hat man es auch umso schwerfälliger ausgegeben, wenn man etwas besaß.«*

Bis zur Jahrhundertwende hat die Basaltstein-Industrie den Mendigern das ganze Jahr hindurch reichlich Arbeit beschert. Die

Tagebau der Basaltlager Niedermendig mit Kran

Produktion von Mühlsteinen florierte, Landstraßen entstanden mit Basaltlava-Schrott und aus den Lavasteinen wurden Pflastersteine, Bordsteine, Bürgersteige oder Schotter hergestellt.

Steinbruch-Tagebau im Basaltfelsen

Alte Winde

Mit Einführung der Rentenmark im November 1923 beginnen die sogenannten ›Goldenen 20er Jahre‹ für die Naturstein-Industrie, die noch mal einen wirtschaftlichen Aufschwung erlebt. Im Oktober 1929 jedoch ist die gute Zeit schon wieder vorüber. Die aus dem New Yorker Börsenkrach resultierende Weltwirtschaftskrise breitet sich von den USA auf Europa aus. Vor allem auf Deutschland hat der Crash weitreichende Auswirkungen: hohe Arbeitslosigkeit und materielle Not greifen in heute unvorstellbarem Ausmaß um sich. Zahlreiche Niedermendiger Familien sind 4–5 Jahre ohne Einkommen und müssen unterstützt werden: Alleinstehende erhalten wöchentlich 6,46 Mark, ein Ehepaar 9,46 Mark und ein Ehepaar mit einem Kind 11,08 Mark. Es geht der Bevölkerung bis 1934 extrem schlecht. Dann laufen die großen Baumaßnahmen des Reiches an, der Autobahnbau beispielsweise.

Berichterstattung über den Autobahnbau im »Nationalblatt«

Nationalblatt, Gauzeitung Koblenz-Trier, Aus dem Kreis Mayen

vom 23. Mai 1939.

Amt Niedermendig. Basaltindustrie gut beschäftigt. Umsatzsteigerung von 21,14 auf 26,70 Mill.RM. im Geschäftsjahr 1938. Die rege Bautätigkeit, die dank der zahlreichen Maßnahmen von Partei und Staat auf allen Gebieten herrscht, brachte bedeutende Aufträge, so dass bei einer Kapazität von 9 Mill. Tonnen Schotter und Splitt der Beschäftigungsgrad gegenüber 1937 eine Steigerung von 47,43 auf 54,96 v.H. entsprechend einem Jahresverband von 4 946 000 Tonnen, erfuhr. (…) Da die technische

Verbesserung der maschinellen Anlagen im Jahre 1938 gute Fortschritte gemacht hat, konnte diese Spitzenleistung trotz mangels an Arbeitskräften und Ersatzmaterialien ohne nennenswerte Schwierigkeiten bewältigt werden.

Ein Teil der Bevölkerung kann nun endlich wieder in den eigenen Gruben etwas verdienen. Niedermendig bekommt sein Freischwimmbad und der Fußweg in die nahegelegene Benediktinerabtei Maria Laach wird angelegt. Mendiger Bürger mit kaufmännischen Berufen pendeln nach Mayen, Andernach und Koblenz. In Kruft und Plaidt stellt die Bims-Industrie – im Volksmund Schwemmstein-Industrie genannt –, Steinhauer und Layer aus der Umgebung ein. Es geht wirtschaftlich bergauf, die Arbeitslosigkeit nimmt rapide ab und die Erfolge auf dem Gebiet der Wirtschaft sind es, die dem Nationalsozialismus breite Anerkennung verschaffen. Nach den mageren Jahren kommt mit den neuen Machthabern wieder Arbeit und Brot.

Nationalblatt, Gauzeitung Koblenz-Trier, Aus dem Kreis Mayen

am Sa/So 10./11. Juni 1939. Einzelpreis 10 Pfg.

Bauarbeiten im Amt Niedermendig. Alles verdanken wir der Partei! Emsiges Schaffen in allen Orten des Kreises. Für sämtliche Gemeinden des Amtes liegen nunmehr die Ergebnisse der Jahresrechnungen für 1938 vor. Hiernach hat sich die Finanzlage der Gemeinden derart günstig entwickelt, dass alle Gemeinden mit zum Teil erheblichen Überschüssen abschließen, während das Verhältnis im Rechnungsjahr 1937 noch umgekehrt war. Es ist dies ein Beweis, dass der wirtschaftliche Aufstieg nunmehr auch im Amtsbereich zur Gesundung der Gemeindefinanzen geführt hat, ein Ergebnis, das vor einigen Jahren in derart kurzer Zeit nicht erwartet wurde; hat doch die

Arbeitslosenziffer der Gemeinden des Amtes jahrelang weit über dem Reichsdurchschnitt gelegen und die Gemeinden zu Ausgaben von mehr als 800.000 RM für Zwecke der Arbeitslosenfürsorge gezwungen. Dazu kam, dass die Instandsetzung der Industrie gegenüber den übrigen Gebieten des Reiches erst verhältnismäßig spät gelang. Infolge dieser günstigen Entwicklung ist es nun mehr möglich geworden, all die Probleme anzufassen, deren Lösung bereits längst notwendig gewesen wäre.

Aber diese ›fetten Jahre‹ des NS-Regimes haben auch Schattenseiten, und diese bekommen einige Niedermendiger deutlich zu spüren. Öffentliche Verhaftungen sind nicht selten: hauptsächlich Kommunisten, Anhänger der SPD und Gewerkschaftsmitglieder werden abgeführt.

Nationalblatt, Gauzeitung Koblenz-Trier, Aus dem Kreis Mayen

am Mittwoch, 14. Juni 1939. Einzelpreis 10 Pfg.,

Ein alter Brauch neubelebt.

Niedermendig. Ein alter Brauch lebt wieder auf. Früher wurden die Steinmetzen nach bestandener Gesellenprüfung durch den »Ritterschlag« feierlich zum Gesellen ernannt. Der Betrieb versammelte sich bei einem Fässchen Bier. Nach einer Ansprache des Meisters und einem Spruch, in dem die Gesellen aufgefordert wurden, alle Zeit getreu das Beispiel ihres Meisters nachzuahmen, wurden sie mit einem symbolischen Schlag mit der Richtlatte zum Gesellen ernannt. Am Dienstag wurde im Betrieb der Firma Geilen & Söhne dieser alte Brauch wieder durchgeführt. Als neugebackene Gesellen können wir beglückwünschen: Peter Mintenig, Peter Montermann und Hans Schmidt.

Der Glaube im Eifelstädtchen, dass sich wenigstens die wirtschaftlichen Verhältnisse bessern, wird im September 1939 durch den Kriegsausbruch jäh enttäuscht. Die Arbeit in den Mühlsteinbrüchen und in den Bims-Betrieben steht so gut wie still.

Nationalblatt

Der Führer vor dem Großdeutschen Reichstag:

Ich selbst bin jetzt der erste Soldat

Der Führer gibt die Parole / Adolf Hitler in feldgrauer Uniform

Gegenangriff über die deutsch-polnischen Grenzen

Historische Stunden

Die Wehrmacht hat den aktiven Schutz des Reiches übernommen / Auch die Luftwaffe eingesetzt / Die Kriegsmarine schützt die Ostsee.

Vorwärts!

Nationalblatt vom 2./3. September: »Ich bin jetzt der erste Soldat«

Die Niedermendiger hatten auch gut von den 28 Brauereien gelebt, die hier einst ansässig waren. Die unterirdischen Abbauhallen in 30 Metern Tiefe hielten das untergärige Bier im Sommer konstant kühl. Die Gänge dieses einzigartigen Stollensystems, in dem Basalt gewonnen wurde, breiten sich auf einer Fläche von 3 Quadratkilomentern unter der Stadt aus. Zwei Mälzereien lieferten das nötige Malz. Auch die Landwirte profitierten im Sommer und im Winter von den Brauereien. Sie lieferten Hafer und Heu für den sehr großen Pferdebestand der Brauerei- und Grubenbesitzer. Weil die Brauereien für ihre Kundschaft und im oberirdischen Betrieb Eis brauchten, zerschlugen die Landwirte im Winter Eisschollen aus dem Laacher

See und fuhren sie zu den Brauereien. Das Eis wurde dann in die Bierschächte hinabgeworfen. Dafür erhielten die Bauern pro Zentner Eis 25 Pfennig und sogar noch etwas mehr, wenn angenommen werden musste, dass ein milder oder kurzer Winter bevorstand. Doch mit Erfindung der modernen Kühltechnik verloren die Basalt-Höhlen ihre Bedeutung als Kühl- und Gärkeller. Eine Brauerei nach der anderen machte zu oder ließ sich andernorts nieder. Mit den Brauereien verschwanden auch die Berufszweige, die von ihnen abhingen. Heute gibt es nur noch eine Brauerei in Mendig, die die große Brautradition fortsetzt, die Wölkerbrauerei. Einige ihrer Lagertanks befinden sich unter der Erde und die Biermacher führen als Attraktion ihre Gäste durch das unterirdische Labyrinth.

Die Wölker-Brauerei in Niedermendig, um 1930

Ein anderer Grund, warum sich die Brauereien hier gerne niederließen, sind die vielen natürlichen Mineralwasserquellen in der Vulkan-Eifel, besonders rund um den Laacher See. Seit dem Jahre 1860 gab es auch eine Rohrleitung vom Ortsausgang Niedermendig nach Maria Laach bis zur ehemaligen Hansa-Brauerei. Viele Brauereien wurden damals direkt mit Wasser aus dem Laacher See gespeist. Die Mineralwasserfirma Reginaris siedelte sich um die Jahrhundertwende in Fraukirch/Thür an. Der Name ›Regina‹ war seit 1909 der Gattungsbegriff für Limonaden überhaupt. Auch heute noch ist Reginaris als mittelständisches Unternehmen ein wichtiger Arbeitgeber für Mendig.

Schon zu Beginn des 1. Weltkrieges gab es in Niedermendig militärischen Flugbetrieb, den ›Etappenflugzeugpark 3‹, aufgestellt als Nachschub-, Schul- und Instandsetzungsverband für Feldfliegerabteilungen. Jetzt legt die Luftwaffe auf diesem Gelände unterhalb der Bahn einen Flugplatz an. Niedermendig wird Garnison. Von hier aus fliegen nun Aufklärer nach Frankreich und Belgien.

Transportflieger der Luftwaffe auf dem Flugplatz Mendig, 1944

Reichsmarschall Hermann Göring auf dem Flugplatz Mendig, 1940

Irmgard: *»Ich weiß noch genau, wie wir zwei nach Niedermendig gekommen sind, das war an Fronleichnam, meine Schwester und ich zusammen. Meine Pflegeeltern und deren Bekannte haben uns von der Bahn abgeholt und da sind wir alle zusammen in den Wald gegangen und haben ein Fässchen Bier getrunken, das war ja so üblich in der Eifel! Da wurde meine Schwester mit mir zusammen auch fotografiert, aber das Bild ist weg!«*

Nationalblatt, Gauzeitung Koblenz-Trier, Aus dem Kreis Mayen

am 7. Juni 1939. Einzelpreis 10 Pfg.

Die Eifel prangt schon im Sommerkleid. Der Roggen blüht schon. Gute Obsternte in Aussicht. Der Frühling dankte früh ab.

Ein Gang durch unsere Fluren und Wälder bringt uns die Gewißheit, dass unsere Heimat das liebliche, farbenreiche Kleid des Frühlings abgelegt hat und sich in das dunkelgrüne Gewand des Sommers hüllt. In den Fluren steht der Roggen jetzt fast mannshoch, und der Wind fährt hindurch, spielt mit den langen, grünen Halmen, die sich heben und senken, und zaubert Wellen in die Flächen, als wären sie ein großes vom Sturm zerfurchtes Wasser. Und über den Feldern schwebt ein feiner goldiger Schleier, dessen einzelne Stäubchen in der Sonne glänzen: es ist Blütenstaub: der Roggen blüht schon. Die Kleefelder warten auch auf ihre Schnitter. Noch einige Tage und die frohe Zeit der Heuernte beginnt. Bald werden die zahlreichen hellbraunen Heuhobben Kunde geben von der fleißigen Arbeit unserer Landleute, und würziger Hauch von trockenem Heu wird durch die Landschaft fluten. Die Kartoffeln sind in der Erde, man sieht die ersten zarten Triebe, frohe Hoffnung in uns weckend. Möge sie von der Gefahr aus dem Westen, dem Kartoffelkäfer verschont bleiben! An Hecken und Rainen blüht schon jetzt der gemeine Weißdorn und sein etwas an Heringsduft erinnernder Geruch belästigt unser Riechorgan. Der Obstansatz ist äußerst gut und wir dürfen auf eine reiche Obsternte hoffen. An Wegen und Zäunen ist jetzt die Sternmiere oder auch das Ackerhornkraut zahlreich vertreten, auch sieht man das blaue Leberblümchen, die zartblühenden Wicken und die ganze Reihe der Nelkenarten blühen. Ebenso blüht die wilde Erdbeere, gar bald wird man die köstlich duftende und schmeckende kleine Beere sammeln und verzehren können. Der Wald hat die hellgrüne Farbe des jungen Laubes mit einem satten Grün vertauscht. Alle Bäume sind vollbelaubt, sie haben ihre Blütezeit hinter sich; nur die Kiefern haben noch ihre Kerzen aufgesteckt. Das Vogelkonzert ist über Tag fast ganz verstummt. Alles ist eifrig bei der Futtersuche, denn wohl jedes Vogelpärchen hat daheim im Nestlein eine Reihe hungriger Schnäbel zu füllen.

Die Geschwister werden getrennt und zu sehr unterschiedlichen Pflegeeltern gegeben. Sie stehen jetzt unter Amtsvormundschaft des Kreisjugendamtes Mayen. Die mittlerweile verstorbene Kreisfürsorgerin Regina Reichert, geb. Metzen, schaute einmal im Monat in den Pflegefamilien nach dem Rechten, wie die Dorfbewohner sehr wohl registrierten, wenn die hochaufgeschossene, rothaarige, gestrenge Frau energischen Schrittes, mit einer Aktentasche unter dem Arm, die Straße hinauf zum Friedhof oder den Feldweg zum Bauernhof entlang eilte.

Irmgards neues Zuhause ist bei Familie Elise und Adam Klein auf dem Rulandshof. Ende der 30er Jahre vermittelten die Jugendämter Heimkinder gerne in Pflegefamilien auf dem Lande, dort gab es genug zu essen, genug Platz zum Spielen und dort war später vom Krieg und den Bombenangriffen nur wenig zu spüren. Leider wurde so manches Heimkind nicht um seiner selbst willen aufgenommen, sondern als billige Arbeitskraft ausgenutzt.

Doch die Kleins waren anders. Irmgard musste zwar auch das Vieh hüten oder bei der Ernte mithelfen, aber es blieb ihr immer genug Zeit zum Spielen.

Haus Elsen 1997

Auch später erinnerte sich Irmgard gerne an ihre Jugend und ihre Pflegeeltern, die sie als ihre richtigen Eltern bezeichnete. Es sei eine schöne Zeit gewesen und sie würde sie gerne noch einmal zurückdrehen. Sie bedauerte nur, dass sie nicht mit Rosemarie zusammen in einer Familie aufwachsen konnte. Warum die Geschwister getrennt untergebracht worden sind, ist heute nicht mehr feststellbar. Die Fürsorgeakte von 1936 ist in den Kriegswirren verloren gegangen, auch lebt niemand mehr vom Düsseldorfer Amtsgericht bzw. Jugendamt, der sich an den Grund der Trennung erinnern könnte.

Die sechsjährige Rosemarie wohnt bei Nikolaus und Anna Maria Elsen in der Alten Kirchhofstraße 474, heute: Kaplan-Schlicker-Straße 10. Die Straße führte damals den Berg hinauf zum Friedhof, den es heute nicht mehr gibt. Elsens wohnen in einem kleinen Häuschen, das aus den für die Eifel typischen schwarzgrauen Basaltsteinen erbaut worden war. Hinter dem Haus liegt ein Garten und ein Holzzaun trennt das Grundstück von der Straße ab. Das Haus ist in den sechziger Jahren hellgrau verputzt worden, der Holzzaun wich einem schweren Eisentor, der den Einblick auf Hof und Eingangstür verhindern soll.

Nikolaus Elsen ist schon 69 Jahre alt, Anna Maria Elsen, geb. Müller, 20 Jahre jünger, als sie Rosemarie zu sich nehmen. Die beiden hatten im Jahre 1935 vor dem Standesbeamten in Niedermendig geheiratet. Anna Marias erster Mann, Peter Hubert Bous, war im Ersten Weltkrieg in einer Giftgasfabrik beschäftigt gewesen und dann krank nach Hause gekommen. Seinen Beruf als Steinmetz konnte er damals nicht mehr ausüben, aber er verdiente sich noch ein bisschen Geld als Flurschütze, bevor er an den Folgen seiner Arbeit starb. Aus Anna Marias erster Ehe ist Sohn Felix hervorgegangen, der jedoch im April 1945 starb und in Köln begraben liegt.

Anna Maria Elsen ist die Patentante von Adolf Bous, dem Nachbarjungen ein Haus weiter unterhalb. Er lernte Rosemarie vom ersten Tag an kennen, denn er war oft bei seiner Patentante und Rosemarie oft bei seinen Eltern. Jede Woche sah man sich ein paar Mal, überhaupt war es zu der Zeit auf dem Dorf so üblich, dass man beim Nachbarn einfach vorbeischaute. Die Türen standen im Sommer immer offen und auch im Winter waren sie nicht abgeschlossen. Eine Klingel brauchte man nicht. Jeder wusste vom anderen, keiner lebte damals anonym.

Und so wuchsen Rosemarie und Adolf Bous, der 4 Jahre älter als das Mädchen war, miteinander auf. Bous kennt auch die Beweggründe seiner Tante, die dazu führten, ein sechsjähriges, fremdes Kind aufzunehmen. Es war beileibe nicht nur der Wunsch, wieder ein Kind zu umsorgen oder gar Großzügigkeit, einem Heimkind ein neues Zuhause zu bieten:

Adolf Bous: *»Es waren ruhige Leute, die Elsens. Sie haben immer schwer geschuftet. Aber sie waren arm zu der Zeit. Als Witwe hatte die nur eine kleine Rente gehabt. Sie hat, glaube ich, 30 Mark im Monat für die Rosemarie bekommen. Das waren arme, schlechte Zeiten! Er hat ja auch keinen großen Verdienst gehabt, der Herr Elsen, in Maria Laach als Flurschütze und Mann für alles! Er hat überall das Gras gemäht,*

Schafe gehütet. Die sind auch gut mit Essen versorgt worden in Maria Laach, Mords-Gehälter konnte die Abtei aber auch nicht bezahlen. Sie hatten auch noch einige Felder, Korn und Kartoffeln, das wurde immer abwechselnd gepflanzt, ein Jahr Korn, das andere Jahr Kartoffeln, da kam man schon rund mit ein paar Mark. Ziegen und Hühner liefen da herum, die erste Zeit hatten die auch noch Schweine. Im Jahr wurde vielleicht ein Schwein gezogen.«

Margarethe Klasen, die direkte Nachbarin von Elsens, wohnt in einem weiß verputzten Haus mit einer großen, kräftigen Tanne am Gartenzaun. Dort hat sie auch so manches mit der Nachbarin erzählt.

Margarethe Klasen: *»Die waren nett. Sie war Witwe, hatte dann wieder geheiratet, die beiden haben sich gut verstanden, ich fand nur, dass der Herr Elsen etwas zu alt war. Aber sonst konnte man denen gar nichts nachsagen, waren anständige Leute, sehr fleißig und so.«*

Nachbarin Margareta Becker wohnt am Anfang der Alten Kirchhofstraße und kann sich auch noch an das Ehepaar Elsen erinnern.

Margareta Becker: *»Einfache Leute waren sie. Wie so viele hier. Ich weiß noch, wie Frau Elsen mit anderen Frauen in den Wald ging und dass sie mit so einem kleinen Wägelchen Anfangsholz geholt haben. Das war damals noch so. Der Herr Elsen war viel auf dem Feld und hat ja noch in Maria Laach gearbeitet.«*

Zeitzeugin[21]: *»Das waren hochanständige Leute die Elsens, die die Rosemarie aufgenommen haben. Und das mit der Rosemarie, das hatten die wahrhaftig nicht verdient! Mehr habe ich dazu nicht zu sagen!«*

Auch Irmgard lernt Nikolaus und Anna Maria Elsen kennen und besucht ihre Schwester, so oft wie möglich. Vom Rulandshof zur Alten Kirchhofstraße ist es nur eine knappe Viertelstunde zu Fuß.

Irmgard: *»Die Frau Elsen, das war ja eine ganz nette Frau, lieb war die! Alle beide waren sie nett. Aber sie waren zu alt für meine Schwester. Das war das.«*

Rosemarie bekommt zum ersten Mal ein eigenes Zimmer. Es ist klein, aber es gehört ihr ganz allein. Mit Bett, Nachtschränkchen und einem kleinen Tisch am Fenster. So gut war es ihr bis jetzt noch nie gegangen. Elsens sind auch sehr nett und fürsorglich zu ihr, und so lebt sich das Heimkind schnell ein. Rosemarie spürt hier vielleicht zum ersten Mal in ihrem Leben so etwas wie eine familiäre Zuneigung und Zugehörigkeit. Längst kennen sie alle Nachbarn und Nachbarskinder in der näheren Umgebung der Alten Kirchhofstraße und wissen, dass sie ein Pflegekind ist. Rosemarie spricht freundlich und ohne Scheu mit allen; die Mutter aus Düsseldorf oder die Heime erwähnt sie jedoch nie. Vom Vater weiß sie sowieso nichts zu berichten.

Margarethe Klasen: *»Es war ein nettes liebes Mädchen, sie war überall beliebt. Ich hab sie gekannt, bis sie so 13, 14 Jahre alt war, danach habe ich sie dann lange nicht mehr gesehen. Sie hat nett ausgesehen. Nett Dingelche. Sie hatte zwar eine knabenhafte Figur, schönes blondes Haar und so schöne, auffallend* *blaue Augen gehabt, sie schaute oft so verträumt. Als Kind kam sie oft zu mir herüber und wir erzählten zusammen. Sie war auch immer peinlich sauber. Sie hatte so etwas Reizendes, Bezauberndes an sich, ich kann es gar nicht beschreiben! Sie war sehr lieb.«*

Margareta Becker: *»Ich kann mich nur erinnern, als kleines Mädchen hatte sie Zöpfchen gehabt und kam dann auf unseren Hof und hat hier mit den Kindern gespielt. Die Haustüren waren nicht verschlossen, und da stand sie einfach hier im Flur. Sie war nicht ängstlich.«*

Christine Vollmer hat direkt gegenüber von Elsens gewohnt. Die Vollmers sind eine große Familie. Christine hat noch zwei ältere Brüder. Sie ist sieben Monate älter als Rosemarie und versteht sich von Anfang an gut mit ihr.

Christine Vollmer: *»Wir waren Freundinnen. Sie war ein sehr lieber Mensch und ich mochte ihr ganzes Wesen. Wir sind ja zusammen zur Schule gegangen, wir hatten den gleichen Weg, der Nachhauseweg war ja auch derselbe, und da haben wir uns gleich für nachmittags verabredet und dann sind wir zusammen zu Nachbarskindern gegangen und haben dort gespielt. Also burschikos und frech, würde ich sagen, war sie auf keinen Fall. Sie war sehr zutraulich und glaubte auch alles, was man ihr so erzählte. Also ich habe sie nie frech oder burschikos erlebt. Das mögen andere vielleicht anders sehen. Sie war als Kind auch eher zögerlich, sie wägte ab, wenn etwas Neues auf sie zukam.«*

Adolf Bous: *»Ich habe sie nicht frech oder unverschämt in Erinnerung. Sie war quirlig, das war sie. Der Hund des Nachbarn begleitete meine Freunde und mich öfter. Und wenn Rosemarie dabei war, ist der Hund nie neben ihr gegangen, weil sie so herumzappelte und ihn manchmal auch zankte.«*

Die Kinder im Ort sind 1939 längst eingeschult. Und als sie ihre Zwischenzeugnisse erhalten (das Zeugnisheft wurde in vielen Familien vorsorglich in Zeitungspapier eingeschlagen, damit es bloß keine Flecken von klebrigen Kinderfingern bekommt), darf auch Rosemarie in die Volksschule (Deutsche Volksschule genannt, nach dem Erlass der Nationalsozialisten vom 18.4.1939, der die Auflösung von Bekenntnisschulen verordnete) unten am Marktplatz gehen. Zu Rektor Grett, Lehrer Mittler, Lehrer Knischel, Lehrer Löhr, Frau Brühl und Frau Schmidt, allesamt mittlerweile verstorben.

Nationalblatt, Gauzeitung Trier-Koblenz, Aus dem Kreis Mayen vom

15. Juni 1939. Einzelpreis 10 Pfg.

Amt Niedermendig. Am Dienstag führte die Volksschule einen Schulausflug durch. Unter Führung von Rektor Grett fuhren morgens 32 Mädchen und 39 Knaben mit 2 Omnibussen ab. Hauptziel war Burg Eltz. Nach der Besichtigung war eine Fußtour bis Moselkern eingelegt, dann gings wieder mit den Wagen nach Hatzenport. Hier wurde längere Rast gemacht und dann zur großen Freude der Jungen ein Fußballwettspiel mit der Schule von Hatzenport, das Niedermendig mit 4:1 Toren gewann, ausgetragen. Das Wetter war auch gut, so dass für alle leider zu früh die Rückfahrt angetreten werden mußte.

Die Volksschule steht noch, direkt gegenüber wurde die Mendiger Verbandsgemeindeverwaltung neu gebaut. Im Parterre der ehemaligen Volksschule ist jetzt das Restaurant ›Ratsstuben‹ untergebracht. Im 1. Stock befinden sich Kongressräume und im 2. Stock der Ratssaal.

Rosemarie geht mit 56 Kindern, Jungen und Mädchen zusammen, in die 1. Klasse. Der Unterricht fand von 1939 bis 1944 ohne wesentliche Unterbrechungen statt. Viele Kinder tragen ihre Bücher und den Griffelkasten mit einem Riemen über der Schulter. Einige haben auch einen Ranzen aus hartem Pappdeckel, der nicht nass werden darf. Noch bleibt die Bekleidung der sechsjährigen Schüler*innen weitestgehend unbeeinflusst vom Nationalsozialismus. Indirekt prägen Begriffe wie ›Sportlichkeit‹ und ›Natürlichkeit‹ die Mode. Die Mädchen haben die langen Haare zu Zöpfen geflochten oder haben die Zöpfe zu Ohrschnecken gedreht, zum ›Gretchenkranz‹ um den Kopf gewunden oder zu den sogenannten ›Affenschaukeln‹ hochgebunden. Mit knielangen Kleidchen mit Schürzen und darüber eine Strickjacke gezogen, sitzen sie auf den harten, langen Schulbänken. Einige wenige Mädchen sind besonders modisch gekleidet: sie besitzen einen Faltenrock und haben dazu eine Bluse an. Als die Tage kürzer und kälter werden, kramt jede besorgte Mutter die Wollmütze, aber vor allem die unbeliebten langen Strümpfe aus der Schublade hervor. Die kratzen, rutschen und halten nicht besonders warm. Die Jungen ziehen so eine Art Kniebundhosen mit langen Wollstrümpfen darunter an. Und darüber ein Hemd oder einen selbst gestrickten Pullover. Einen Mantel besaßen die wenigsten.

Die Kinder werden in der deutschen Sprache unterrichtet, die im Zeugnis mündlich und schriftlich bewertet wird. Das Hochdeutsche fällt allen Kindern schwer, die wenigsten sprechen es zu Hause, fast alle plappern Mendiger Platt. Rosemarie hat sich darin bestimmt wenig von ihren Mitschülern unterschieden. Sie sprach anfangs noch mit rheinischem Akzent, aber sie hat die anderen bestimmt verstanden, dazu ähneln sich die Dialekte doch zu sehr.

Weitere Fächer in der Schule sind Rechnen, Heimatkunde, Handarbeit, Musik, Zeichnen, Turnen und Schreiben. In den ersten zweieinhalb Jahren lernen Rosemarie und ihre Mitschüler noch die Sütterlinschrift oder ›deutsche Schrift‹. Dazu benutzen sie spezielle Sütterlinfedern und auch ein Löschblatt mit einer Musterbuchstabentabelle als Vorlage. Erst ab dem 3. Schuljahr üben alle ›lateinisch‹ schreiben. Mit Kreide auf der Schiefertafel, das Läppchen immer griffbereit daneben. Die von den Schülern heiß geliebten ›Kilometerschreiber‹ (Kugelschreiber) gab es erst nach 1946. Diese tiefgreifende, bis heute wirksame Veränderung des Schreibens war damals ideologisch begründet: die Nationalsozialisten, die Sütterlin für ›undeutsch‹ hielten, nannten die neue Schrift »Deutsche Normalschrift«. Bis 1951 wurde so geschrieben, dann wurde die lateinische Ausgangsschrift in Deutschland verbindlich.

Der Einfluss der Nazis machte auch vor den Fibeln nicht halt. Vor dem Ersten Weltkrieg waren die Texte und Bilder noch verhältnismäßig neutral. Sie förderten hauptsächlich das Erkennen und Lesen der Buchstaben. Aber hinter den Texten stand der erhobene Zeigefinger. Ordnung, Fleiß, Sauberkeit und vor allem Gehorsam gegenüber den Eltern waren wichtige Erziehungsziele. Nach 1930 wurden subtilere Mittel eingesetzt, um die Kinder in die gewünschte Richtung zu führen. Dabei tauchten Erziehungsziele aus der Kaiserzeit wieder auf, die in der Weimarer Republik kein Thema waren: Höflichkeit, Pünktlichkeit und Ordnung. Arbeitslosigkeit und Armut wurden thematisiert, aber nur insoweit, als dass sie durch Maßnahmen der nationalsozialistischen Führung gelindert wurden. Themen wie Winterhilfswerk, Führergeburtstag und Fahnenverehrung spielten ebenso eine große Rolle wie im täglichen Schulleben oder zu Hause in der Familie. Die Fibelkinder waren nun nicht mehr ›Tintenheini‹ oder ›Kasperle‹, sondern Pimpfe und Mädchen der Hitlerjugend in Uniform, die unverblümt um neue Mitglieder warben. Das politische Leben vereinnahmte die Kinder und bereitete sie schon in der ersten Klasse auf den Krieg vor. Gemeinschaftssinn vor Familie mit Fahnenhissen, Jugendspiele und den täglichen Pflichten. Die Bilder in den Fibeln spielten bei der Vermittlung dieser Ideologisierung eine ganz große Rolle. Soldaten traten in alltäglichen Situationen auf und deren Leben wurde glorifiziert. Waren Kinder beim Spielen abgebildet, lugten Hakenkreuzfähnchen aus jeder Ecke hervor.

Die treu sorgende, nicht berufstätige Mutter war in Wort und Bild genauso zu finden wie eine geschlechtsspezifische Rollenverteilung bei den Kindern: starker, gehorsamer Junge – fleißiges, sauberes Mädchen.

Das Fach Religion ist in das Lernen des Katechismus und der biblischen Geschichte aufgeteilt. Subtil drängen die Nationalsozialisten den kirchlichen Einfluss nach und nach zurück. Die Religionsstunde wird vom jungen Kaplan Peter Schlicker nach dem 2. Schuljahr im Pfarrhaus St. Cyriakus erteilt. In der Schule darf er nicht mehr unterrichten. Auch darf der junge Kaplan kein Kind mehr tadeln, wenn es seinen Unterricht nicht besucht. Das Schulkreuz im Klassensaal hatte schon 1937 entfernt werden müssen, damit das Bild Adolf Hitlers an seine Stelle rücken konnte.

56 Schulkinder waren für die damalige Zeit noch eine relativ kleine Klasse. Je kleiner die Klasse, umso weniger Disziplin-Probleme hatten die Lehrer. Genau darauf wurde größten Wert gelegt: Stillsitzen, Schweigen, Zuhören. Mit Strenge und Autorität wurde diese Schulzucht realisiert. Deshalb gehörten Belohnung und Bestrafung zum Schulalltag und wurden unter den damals gültigen pädagogischen Gesichtspunkten verabreicht: Prügel, Nachsitzen oder Strafarbeiten waren sinnvolle Mittel, um einen Lernerfolg bei den Schülern zu erzielen. So erinnern sich die Schüler*innen aus Rosemaries Klasse auch später eher mit einem weinenden, als einem lachenden Auge an den Lehrer Löhr.

Mitschüler*innen: *»Der Lehrer Löhr hatte nur ein Bein. Und vor dem hatten wir alle Angst. Der war so streng und hat uns gleich so hart bestraft. Den Jungen hat er, wenn er ihnen den Po verhauen wollte, immer die Handtücher oder das Fell, das sie sich hinten reingesteckt hatten, aus der Hose gezogen, damit die Prügel auch richtig weh tat. Oder er schmiss uns Hefte an den Kopf oder warf den Schlüsselbund quer durch die*

Klasse, so dass er einen von uns traf. Wir saßen damals in der Schule auch auf langen Bänken, die Sitzfläche und die Lehne waren ein Stück. Und dann holte der Löhr Schwung und schubste so doll, dass der Letzte von der Bank runter auf den Boden knallte. Der war schon fies, aber gelernt haben wir trotzdem was bei dem. Zum Beispiel die vielen Wanderlieder. Nur wenn man verkehrt sang, dann folgte schon wieder die nächste Strafe: dann musste derjenige oder wir alle zusammen deswegen nach dem Unterricht exerzieren!«

Eine große Pause, von allen Schüler*innen herbeigesehnt, ist zwischen der zweiten und dritten Unterrichtsstunde. Der Lehrer sagt den Beginn an. Erst nach dem Krieg übernimmt eine Klingel das Pausenzeichen. In der Viertelstunde spielen die Schüler und essen die mitgebrachten Butterbrote oder das Obst. Die Jungen toben herum, machen Bockspringen oder Rennen um die Wette, die Mädchen spielen Ringelreihen oder nutzen die Zeit, um endlich ungestraft miteinander zu tratschen. Auch über ›die Neue‹ in ihrer Klasse. Rosemarie hat zunächst bei ihnen keinen leichten Stand. Sie ist nicht nur keine ›Hiesige‹, sie hat auch keine richtigen Eltern und keine Verwandten hier im Dorf.

Adolf Bous: *»Nur in der Klasse hatte die anfangs Schwierigkeiten, aber sonst ist Rosemarie nicht aufgefallen. Die waren immer hinter ihr her, die anderen Schulkinder, haben sie hin- und hergestupst auf dem Schulhof. In der Pause habe ich die öfters aus so einer Gruppe Mädchen rausgeholt. Da brauche ich nur das Bild zu begucken und dann sehe ich die alle wieder, die besonders schlimm waren! Aber das war nur eine Zeitlang, nachher hat sich das alles gelegt!«*

Rosemarie lässt sich nicht unterkriegen. Sich zu wehren und durchzusetzen hatte sie in den Heimen von den anderen Kindern lernen müssen. Schon bald gehört sie ganz selbstverständlich dazu, sie ist nun ein Mendiger Kind. Und wie alle anderen auch, stört sie den Unterricht. Mal mehr, mal weniger. Sie tuschelt, sie zankt, sie kritzelt Briefchen, sie ritzt etwas in die Schulbank, sie ist für jeden Streich, jeden Unfug zu haben. Friedrich Laubenthal, drei Monate älter als Rosemarie, erinnert sich an seine Mitschülerin.

Friedrich Laubenthal: *»Sie war auf jeden Fall so ziemlich von Anfang an bei uns. Eingeschult wurde sie mit uns allerdings nicht. Sie war als Schülerin unauffällig, ich glaube nicht, dass sie echte Schulprobleme hatte. Sie ist weder sitzengeblieben, noch ist sie mir als besonders schlechte Schülerin in Erinnerung. Aber sie war halt so' ne Rosmarie! Sie war immer bei denen, die was anstellten, die laut waren. Von wegen Unterrichtsstörung! Da war sie mit dabei. Sie war auch immer bei denen, die am meisten an der Tafel oder in der Ecke standen. Die konnte ja nichts besser als den Kopf so in den Nacken werfen, wenn irgendetwas war. Das konnte sie wirklich am besten! Sie war ein Mädchen wie jedes andere auch, aber vielleicht etwas kesser. Und sie wusste, was sie wollte. Dumm war sie auf keinen Fall. Aber das sie irgendwie negativ aufgefallen wäre oder dass ich sie schlecht in Erinnerung hätte, kann ich nicht sagen.«*

Ein Zeitzeuge,[22] ebenfalls Mitschüler, erzählt folgende Episode aus Rosemaries Schülerleben: »Da haben Rosemarie und zwei andere Mädchen zusammen getuschelt und gegickelt. Und das ausgerechnet bei Lehrer Löhr im Musikunterricht! Und da ist der Löhr wütend auf die Mädchen zugesteuert und hat die streng verhört: ›Was gibt es denn da zu tuscheln?‹ Keines der Mädchen hat sich zunächst getraut zu antworten, sie haben alle betreten auf den Boden geguckt. Und da hat der Löhr noch mal drohend gefragt: ›Was es da zu tuscheln gibt, will ich wissen?‹ Die Mädchen guckten ihn immer noch nicht an. Da weiteten sich die Augen vom Lehrer, als wollten sie ihm aus dem Kopf springen und dabei lief er richtig rot an. Da endlich schaut die Rosemarie ihn plötzlich geradewegs an und sagt trotzig: ›Die Krämers Erika[23] hat gesagt, sie ham 'en Säukopf!‹«

Wie Lehrer Löhr auf diese Beleidigung reagierte und ob bzw. wie er Rosemarie oder die anderen Mädchen bestraft hat, daran konnte sich der Zeitzeuge nicht mehr erinnern. Aber er ist sich sicher, dass Löhr diese Frechheit nicht einfach so hingenommen hat.

Etwas Besonderes im Schulalltag waren die Materialsammlungen, die es schon im Ersten Weltkrieg gegeben hat. In Niedermendig hatte das Sammeln des ›Volksschädlings Nr.1‹ Vorrang vor allen anderen Aktionen. Das Absuchen der Felder nach dem gefürchteten Kartoffelkäfer wurde weit bis in die Kriegsjahre hinein durchgeführt. Eine andere Sammlung lief unter der Parole ›Kampf dem Verderb‹: die Schulkinder mussten nach der Ernte zum Ährenlesen über die Felder gehen.

Nationalblatt, Ausgabe Koblenz-Trier, Aus dem Kreis Mayen

vom 15. Juni 1939. Einzelpreis 10 Pfg.

Amt Niedermendig. Kartoffelkäfer-Abwehrdienst beginnt! Im Rahmen des Kartoffelkäfer-Abwehrdienstes findet von jetzt ab jeden Mittwoch eine Suchaktion statt, die genau nach den erteilten Anweisungen durchgeführt wird. Die Beteiligung an der Bekämpfung ist nicht nur eine Angelegenheit der Bauern und Landwirte, sondern eine Gemeinschaftsaufgabe aller Ortsbewohner. Auch die Klassen der Volksschule – vom vierten Schuljahr ab – reihen sich in den Abwehrdienst ein. Die Suchkolonnen haben sich pünktlich einzufinden.

Die Lehrer gaben auch Hausaufgaben auf und die Schüler*innen versuchten, sie neben ihrer Arbeit zu erledigen. Da die meisten Väter im Krieg waren, wurden die Kinder zu allen möglichen Arbeiten herangezogen: zum Aufpassen auf die Geschwister, zum Hofkehren, zur Arbeit im Garten, wo Karotten, Salat, Kohlköpfe und Kartoffeln wuchsen oder beim Melken oder Füttern der Ziegen, Hühner und Schweine, die in vielen Familien gehalten wurden. Oft gingen die Mädchen mit den Ziegen am Strick an den Weg- und Feldrändern entlang und ließen sie dort weiden. Und nicht nur das eigene Vieh, sondern auch noch das der Nachbarn dazu. Damals gab es einen kleinen Hain, der heute zugebaut ist. Da sind sie manchmal zusammen mit ihren Ziegen hingelaufen und haben sie so festgebunden, dass sie fressen konnten. Oder ein Mädchen wurde ausgeguckt, das alle Ziegen an den Stricken festhielt. Und die Zeit, in der sich das Vieh den Bauch vollschlug, die haben die Mädchen schnell zum Spielen genutzt. Auch Rosemarie war ab und zu mit den Ziegen von Elsens dabei. Aber noch lieber ging sie ihrer Pflegemutter im Haus zur Hand: Wäsche waschen, Geschirr spülen, Betten machen, ihr eigenes Zimmer aufräumen und putzen. Anna Maria Elsen war großzügig und gutmütig. Sie überwachte Rosemaries Putz- und Aufräumarbeiten mit milder Strenge.

Irmgard: *»Meine Schwester kam mich auch auf dem Rulandshof besuchen. Der Wald fing ja direkt hinterm Haus an und da haben wir dort zusammen in den Büschen gespielt. Dann haben wir die Pferde gestreichelt. Und mit den Ziegen sind wir auf die Weide gegangen. Da hat sie mir geholfen. Kleins hatten ja auch Ziegenböcke. Aber die waren immer so wild, die konnte man ja kaum festhalten.«*

Nationalblatt, Ausgabe Koblenz-Trier, Aus dem Kreis Mayen

vom 7. Juni 1939. Einzelpreis 10 Pfg.

Amt Niedermendig. Betrieb im Schwimmbad. Die Badesaison hat begonnen. In unserem Schwimmbad herrscht reger Betrieb. Jeder sollte die Gelegenheit, die unser Ort in dieser Hinsicht bietet, wahrnehmen und das Schwimmen erlernen, damit die Forderung »Jeder Deutscher ein Schwimmer – jeder Schwimmer ein Retter!« immer mehr verwirklicht wird.

Freischwimmbad in Mendig vor der Renovierung, vor 1939

In ihrer wenigen Freizeit spielten die Kinder fast bei jedem Wetter draußen. Nur an den langen Winterabenden oder bei Regen durften sie drinnen in der Küche oder in der guten Stube sitzen und die Zeit mit ›Mensch ärgere dich nicht‹, ›Halma‹ oder ›Mühle‹ vertreiben. Grundsätzlich spielten die Kinder stets mit Sachen, die nichts kosteten, die man sich selbst basteln konnte oder die sowieso im Haus und auf dem Hof vorhanden waren. Die Mädchen sprangen Seil, schnipsten Murmeln in die Mulde, zählten Reime ab oder vertrieben sich die Zeit mit Reigen und Versteck spielen. Die Jungens bastelten Flitschenbogen und Steinschleudern, liefen auf Stelzen, spielten Räuber und Schanditz, Nachlaufen oder Fußball.

Zeitzeuge[24]: *»Ich hatte einen Haufen Soldatenspielzeug. Schießende Soldaten, Soldaten hinter Kanonen, marschierende Soldaten. Wir haben die als Kinder auch getauscht. Und hatte da einer schwarze SS, die waren natürlich mehr wert, für einen SS-Mann musste man dann zwei gewöhnliche Soldaten geben.«*

Nationalblatt, Ausgabe Koblenz-Trier, Aus dem Kreis Mayen

vom 7. Juni 1939. Einzelpreis 10 Pfg.

Amt Niedermendig. **Beim Spielen verunglückt. Beim Spielen mit einer Kinderschaukel erlitt ein Kind eine Verletzung der Halswirbelsäule.**

Zusammen spielten die Mädchen und Jungen gerne ›Land verteilen‹[25]. Ein Messer (jeder Junge besaß damals eines) wurde in den Boden gestochen und dann ritzte man Parzellen in die Erde hinein. Jedes Kind durfte sich eine Parzelle aussuchen und nach einem Land benennen. Und dann erklärte man sich gegenseitig den Krieg und kämpfte per Wettlauf um sein Land. Im Winter rodelten Mädchen wie Jungen gerne mit dem Schlitten oder liefen auf den am ›Grünen Weg‹ nach Maria Laach gelegenen Eisweiher Schlittschuh. Auch der Laacher See war, sobald er richtig zugefroren war, ein beliebtes Ausflugsziel für Eishockeyspieler und Schlittschuhläufer. Doch das dauerte. Er fror immer zuerst längs des Schilfgürtels zu, während sich in der Mitte noch Enten und Wasserhühner im offenen Wasser tummelten.

Margareta Becker, Nachbarin: *»Früher haben die Kinder Winter wie Sommer auf der Straße gespielt, mit einem Reifen oder so, und dann liefen die, auch die Rosemarie, schon mal in unseren Hof hinein und haben hier weitergetobt. Das war so üblich damals. Kinderspielplätze, so wie es sie heute gibt, gab es doch noch nicht, die Kinder tummelten sich doch überall herum!«*

Christine Vollmer, Freundin: *»Wir haben zusammen gespielt in unserer Straße und haben meinen Puppenwagen hier rauf- und runter geschoben. Wir saßen zusammen in der Sandkiste und haben Kuchen gebacken. Bei uns zu Hause zogen wir die Puppen mit Puppenkleidung, die meine Mutter genäht hatte, an und aus. Rosemarie hatte ja nicht so viele Puppen. Sie hatte überhaupt nicht so viele Spielsachen wie ich oder wie andere sie hatten, deshalb kam sie unter anderem auch gerne zu uns. Meine Brüder haben mir ein Puppenhaus gebaut, damit haben wir auch viel gespielt. Sie bastelten uns oft etwas. Im Winter sind wir die Alte Kirchhofstraße mit dem Schlitten runtergesaust, die ging ja so schön Berg hinunter und da war ja auch kein Verkehr!«*

Adolf Bous, Nachbarjunge: *»Wir hatten damals ein Fahrrad gehabt. Und als meine Brüder im Krieg waren, durfte ich endlich immer damit herumfahren. Und da ist mir die Rosemarie einmal begegnet, oben am alten Friedhof. Da fragt sie mich: ›Darf ich mal fahren?‹ ›Ja, selbstverständlich‹, antworte ich, ›aber nur bis zu der Höhe da!‹ Sie hatte aber keine Ahnung vom Bremsen gehabt und braust hier die Alte Kirchhofstraße hinunter, in der nächsten Kurve, da hatte man damals Panzersperren errichtet, das war dann das Ende ihrer Fahrt! Da ist*

die mit voller Pulle da drauf und darüber hinweggeflogen. Sie ist aufgestanden und hat sich geschüttelt wie eine Katze. Sie hatte noch nicht einmal blaue Flecken gehabt. Aber das Fahrrad war total im Eimer. Eine einzige Acht! Meine Patentante hatte mir dann ein Ersatzfahrrad versprochen von ihrem Sohn, dem Felix, der ja gefallen war. Ich habe das Rad aber nie bekommen! Sie hat es später einem jüngeren Verwandten hier im Ort gegeben.
Und dann weiß ich noch, den Weg auf dem Friedhof entlang, da standen Akazienbäume, die waren so rund geschnitten. Und am Ende des Friedhofes, ein Gräberfeld war aufgelöst worden, da hatte man ein Tannenwäldchen angepflanzt. Und die Tannen waren so drei, vier Meter hoch. Da haben wir Kinder viel drin gespielt.«

Christine Vollmer: *»Hauptsächlich wir Kinder aus der Pelenzstraße, der Alten Kirchhofstraße und dem Brunnenpfad, wir haben viel oben im Wäldchen gespielt.«*

So gehen für Rosemarie und die Kinder im Dorf die Tage von 1939–1942 verhältnismäßig friedlich dahin, mit Arbeiten, Lernen und Spielen. Genau in der Reihenfolge. Von den Auswirkungen des Krieges bleibt Niedermendig, abseits der Kampfgebiete, zunächst weitgehend verschont. Natürlich spürt die Bevölkerung auf vielen Gebieten des täglichen Lebens, das der Krieg ausgebrochen ist. Die jungen Männer verschwinden aus dem Straßenbild und werden eingezogen. Lebensmittelkarten regeln nun auch hier die gerechte Verteilung von Nahrungs- und Genussmitteln und sollen Hamsterkäufe verhindern. Die strenge Rationierung von Fleisch, Fett und Brot trifft nur wenige im Dorf hart, die meisten können sich doch recht gut aus ihrem Garten selbst versorgen oder von ihrem Vieh ernähren.

Nationalblatt, Gauzeitung Koblenz-Trier, Aus dem Kreis Mayen

vom 2./3. September 1939

Die Erhaltung unserer Nahrungsmittel vor Verlusten ist eine der höchsten Pflichten der deutschen Hausfrauen. In diesem Jahr ist uns eine reiche Beeren- und Obsternte beschert worden. Sammelt das Fallobst im Interesse der Volksernährung auf! Unbedingt Vorräte für den kommenden Winter schaffen. Was in der eigenen Wirtschaft in den Dörfern nicht geerntet und verbraucht werden kann, soll auf dem Wege der NSV. der Allgemeinheit zur Verfügung gestellt werden.

Bezugsscheine regeln auch die Benzinversorgung, dann dürfen private Kraftfahrzeuge nur noch für besondere Zwecke benutzt werden und müssen entsprechend gekennzeichnet sein. Die Niedermendiger müssen Verdunkelungsübungen und Probealarme des Luftschutzes durchführen und auch das korrekte Anlegen der ›Volksgasmaske‹ erlernen.

Nationalblatt, Gauzeitung Koblenz-Trier, Aus dem Kreis Mayen

vom 15.9.1939

Fehler bei Verdunkelung.

Niedermendig. Bei nächtlichen Kontrollgängen ist festgestellt worden, dass vereinzelt immer noch Lichter aufblitzen, um wieder schnell zu erlöschen. Es ergeht daher an alle die eindringliche Mahnung, diese Nachlässigkeit zu beseitigen.

Beachtet die Luftschutz-Vorschriften! Verdunkelungsvorrichtungen dürfen nicht nur behelfsmäßig sein – die Hausgemeinschaft ist für die Gerätebeschaffung verantwortlich. Vom Aufruf des

Luftschutzes ab ist die Verdunkelung ohne besondere Bekanntgabe täglich vom Einbruch der Dunkelheit bis zum Hellwerden als Dauerzustand durchzuführen. Für die Verdunkelung ist der Eigentümer des betreffenden Gebäudes verantwortlich. Man denke auch an Wassereimer, Wannen und andere Wasserbehälter, Kisten von Aufnahme für Sand, Schaufeln oder Spaten, Beile oder Äxte sowie Wäscheleinen. Gemeinschaftlich angeschafft werden sollten: die Luftschutz-Hausapotheke und die Handfeuerspritze.

Für Frauen, Kinder und die nicht zum Wehrdienst eingezogenen Männer gibt es die Reichskleiderkarte, die für 1 Jahr gültig ist. Sie funktioniert nach einem Punktesystem, von denen alle zwei Monate 15 Punkte freigegeben werden. Der Einkauf muss durchgerechnet und geplant sein. Bett- und Tischwäsche, Berufs- und Arbeitskleidung, Schuhe und Gardinen, sowie Wintermäntel werden ebenfalls nur noch gegen spezielle Bezugsscheine ausgegeben. Seife ist auch knapp, weil das zur Herstellung benötigte Fett dringend für die Versorgung der Bevölkerung gebraucht wird. Auch für Seifenartikel gibt es eine Karte.

Nationalblatt, Gauzeitung Koblenz-Trier.

Anzeige Juli / August 1940

Am 5. Juni 1937 verkündete der Reichsminister der Luftfahrt und Oberbefehlshaber der Luftwaffe, Generalfeldmarschall Göring die Schaffung der deutschen Volksgasmaske. Und nun liegt das Gerät vor, das den Vergleich mit keiner anderen Gasmaske der Welt zu scheuen braucht. Der durch die Gasmaske gebotene Schutz muss gegen alle bekannten chemischen Kampfstoffe in den Konzentrationen, die praktisch in Betracht kommen, ein unbedingt verlässlicher sein.

Das ist keine private Angelegenheit! Ein Volk schützt sich gegen eine Bedrohung aus der Luft. »Erwirb die V.M.37, das bist du

nicht nur dir und deiner Familie schuldig, du bist es deinem Volke schuldig! Es gilt für jeden einmal wieder zu beweisen, dass er verstanden hat, was es bedeutet, als Deutscher seiner Pflicht zu genügen. Ein Volk schützt sich selbst, aber das ist ihm nur dann möglich, wenn auch du dir deiner Pflicht bewusst wirst und die V.M. erwirbst!«

Im August 1940 werden dreißig französische Kriegsgefangene im ›Gasthaus zur Krone‹ in der Wollstraße untergebracht. Sie arbeiten bei Bauern im Dorf. Pastor Joseph Bechtel kümmert sich um die Kriegsgefangenen, was ihm weitere Minuspunkte bei den Nationalsozialisten einbringt. Schon lange gilt er als ›katholischer Aktivist‹, ist doch den Nazis alles ›Katholische nicht völkisch und dem Deutschtum wesensfremd‹. Bechtel und ebenso sein junger Kaplan Peter Schlicker, der Rosemaries Klasse in Religion unterrichtet, sind seit der Machtergreifung unter Beobachtung und als Gegner der Nationalsozialisten bekannt. Es fehlt nur noch ein geeigneter Anlass, um sie endgültig zu entfernen. Im Herbst 1933 war Pfarrer Bechtel angezeigt worden, weil seine Schwester in einem jüdischen Kaufhaus in Mayen eingekauft hatte. 1935 folgte die zweite Anzeige gegen ihn: anlässlich eines nationalsozialistischen Feiertages hatte die Kirche nicht geflaggt. Er wurde deswegen bestraft. Der Druck gegen Joseph Bechtel wurde so groß, dass er zweimal den Bischof bat, ihn zu versetzen. Hinzu kam ein persönliches Problem des Pastors: er war ungeheuer genau in geistlichen Dingen, quälte sich mit Gewissensproblemen und war in religiösen Fragen sehr ängstlich. Er war mitunter strenger als das damals ohnehin strenge Kirchengesetz. Trotzdem verstand sich Bechtel gut mit seinem jungen Kaplan. Beide arbeiteten Hand in Hand, lehnten den Nationalsozialismus offen ab. Und das sollte ihnen zum Verhängnis werden. 1937 predigte Kaplan Schlicker gegen ein antiklerikales Plakat des Stürmers im Schaukasten der Partei. Ein Polizist, dessen Sohn er Nachhilfe in Latein gab, zeigte ihn daraufhin wegen ›Kanzelmissbrauchs‹ an. Kaplan Schlicker hatte Glück. Der

Richter des Sondergerichtes Köln stellte das Verfahren ein, da der Kaplan sich in seiner Predigt auf eine Veröffentlichung der Berliner Kirchenzeitung bezogen hatte. Die Gestapo kontrollierte jetzt aber die beiden Niedermendiger Priester verschärft und legte eine Akte an. Die waren nun vorsichtig. Zwar durften sie in der Schule nicht mehr unterrichten, das Jugendheim wurde geschlossen, die Pfarrbücherei aufgelöst, man ließ sie aber scheinbar in Ruhe. Ein Seelsorgefall wurde für beide zum Todesurteil. In der Nähe des Pfarrhauses wohnte der Kriegsinvalide Joseph Schmitt mit der zwanzig Jahre älteren, geschiedenen Antonia Charlotte zusammen, die er zivilehelich geheiratet hatte. Diese Verbindung galt nach damaligem Kirchengesetz als ungültig und sündhaft und schloss ihn von den Sakramenten aus. Da Joseph Schmitt aber lebensgefährlich erkrankt war, wollte er mit sich und der Kirche ins Reine kommen. Dazu bedurfte es der Erlaubnis aus Trier, die Kaplan Schlicker am 20. September 1939 erhielt. Joseph Schmitt bereute seine sündhafte Beziehung, erhielt die Sakramente und starb am 10. April 1940 im Alter von 46 Jahren. Er wurde in allen Ehren katholisch bestattet. Ein halbes Jahr später zeigte die Witwe den Kaplan bei der Gestapo an wegen ›Beeinflussung eines Sterbenden‹. Die gleiche Bemerkung steht auch in den Akten von Pfarrer Bechtel. Man vermutet, es sei die Rache dafür gewesen, dass sie von Bechtel gerügt worden sei, weil sie kurz nach dem Begräbnis ein Verhältnis mit dem Dorfpolizisten eingegangen war. Tatsächlich steckte etwas ganz anderes dahinter: 1942 wurde die Frau als Heiratsschwindlerin entlarvt und von einem Gericht zu 4 Monaten Gefängnis verurteilt. Das alles nutzte den beiden Niedermendiger Priestern nichts mehr. Bereits im November 1940 werden sie verhört und schließlich am 9. Januar 1941 nach Dachau ›verschubt‹, wo man sie im eigens eingerichteten Priesterblock des Konzentrationslagers inhaftierte. Pfarrer Bechtel ist mit seinen 62 Jahren den folgenden Strapazen nicht gewachsen. Im berüchtigten ›Hungersommer 1942‹, stirbt er an Herzversagen und Phlegmone. Kaplan Schlicker erliegt am 19. April 1945, knapp 3 Wochen nach seiner Entlassung, dem Flecktyphus. Ihm

Kaplan Peter Schlicker

Pater Burkhard Neunheuser

Pater Ambrosius Dohmes

zu Ehren wurde die Alte Kirchhofstraße in Kaplan-Schlicker-Straße geändert. Nach Pfarrer Bechtel wurde in den 50er Jahren die neu gebaute Volksschule benannt.

Nur wenige Wochen nach der Verhaftung übernahmen zwei Benediktinermönche aus Maria Laach die Pfarrei in Niedermendig bis November 1945. Pater Burkhard Neunheuser (†2003) und sein Mitbruder, Pater Ambrosius Dohmes, (†1971).

Prozessionen und Wallfahrten waren 1940 verboten worden, um ›den Aufmarsch des Heeres gegen Frankreich‹ nicht zu behindern. Im Mai 1941 wagte Pater Burkhard wieder eine Wallfahrt zur nahegelegenen Fraukirch in der Pfarrei Thür. Dort wurden neben dem Gebet auch zu Ehren der Patronin der Pellenz Lieder gesungen. Doch ein Niedermendiger Dorfpolizist drohte ihm mit Verhaftung. Und so beschränkte sich die Gemeinde offiziell mit der Fronleichnamsprozession rund um die St. Cyriakuskirche. Man umging das Wallfahrtsverbot jedoch geschickt, indem die Gläubigen privat nach Fraukirch spazierten, um dann dort gemeinsamen Gottesdienst zu halten. Auch Niedermendiger Soldaten taten dies in ihrem Urlaub. Fraukirch ist auch heute noch ein vielbesuchter Pilger- und Ausflugsort, letzteres wegen der herrlichen Tallage und des 100-jährigen Kastanienbaumes, an dem sich Wanderer gerne niederlassen, um einen Schoppen zu trinken. Ersteres, weil Fraukirch ein uralter Wallfahrtsort ist, der seit dem 14. Jahrhundert besucht wird. Bildstöcke und Wegekreuze aus schwarz– grauem Lavagestein führen direkt zu der kleinen Kirche, in deren großen, bunten Altar die Genoveva-Sage geschnitzt ist. Außerdem war Fraukirch ein Ort, an dem einst Recht gesprochen wurde. Eine Überlieferung besagt, dass gerne dort Versammlungen und Gerichte abgehalten wurden, wo das Volk einen religiösen Kult ausübte.

Pater Burkhard und Pater Ambrosius hatten sich besonders der Jugend angenommen damals. »Zunächst der Schuljugend in den Seelsorgestunden am Nachmittag. Die Teilnahme war freiwillig; aber durch unermüdlichen Einsatz, auch in Hausbesuchen, durch die Mitarbeit der Eltern und Großeltern, gelang es, die Kinder zu einem fast 100 % Besuch zu gewinnen (...). Wir haben auf solche Weise jede Möglichkeit ausgenutzt, ohne direkt von Widerstand gegen das Terror-Regime der Nazis zu sprechen, vielmehr positiv dazu anleitend, (...) Gott mehr zu gehorchen als den Menschen (...).«[26]

Ein großer Tag

Ein großer Tag kündigt sich für Rosemarie an: der Weiße Sonntag. Rosemarie ist katholisch getauft und in den Heimen katholisch erzogen und geprägt worden. So ist es auch selbstverständlich, dass sie, als sie acht Jahre alt wird, den Firm-Unterricht besucht. Mit ihr gehen die Jahrgänge '32 und '33, wenige des Geburtsjahrganges 1934. Rosemaries Freundin Christine ist darunter, Schulkameradinnen und Kameraden aus ihrer Klasse.

Pater Burkhard weiß noch, dass Rosemarie »immer im Firm- und Religionsunterricht gewesen ist und sehr lebhaft mitwirkte. Sie meldete sich immer. Meist wusste sie dann wenig. Und wenn sie etwas sagte, habe sie sich nicht durch Intelligenz hervorgetan. Ihre spätere Entwicklung jedoch lag außerhalb meines Einflusses.«

In der dörflichen Gemeinschaft, auch unter den besonderen Aspekten des Krieges, waren Pfarrer und Lehrer uneingeschränkte Autoritäten. Bedingungsloser Gehorsam wurde von den Kindern erwartet und von den Lehrpersonen vorausgesetzt. Dabei gab es bestimmt den einen oder anderen Lehrer, der sich auch ohne diese Strenge Gehör zu verschaffen wusste.

Schulkamerad Friedrich Laubenthal ist noch eine besondere Begebenheit in Erinnerung geblieben.

Friedrich Laubenthal: *»Ich war auch mit ihr im Kommunionunterricht bei Pfarrer Burkhard und Pater Ambrosius. Einmal in der Woche fand der statt. Und da hat sie mal mit Pater Ambrosius in der Kirche geboxt. Sie war bestraft worden wegen Unterrichtsstörung, und da hat sie sich gewehrt. Ob der Pater sie geschlagen hat, weiß ich nicht mehr, aber auf jeden Fall hat sie sich gewehrt. Bang war sie nicht. Ich hab sie nie ängstlich gesehen.«*

Das Verhalten von Rosemarie lässt sich aus zwei Blickwinkeln interpretieren: entweder war sie tatsächlich ungezogen, frech, dumm und respektlos oder sie war selbstbewusst und mutig und schützte bzw. verteidigte das Einzige auf der Welt, auf dass sie sich verlassen konnte: sich selbst. Es zeigt sich auch später, dass sie sich vor Autoritäten nicht duckt, dass sie aber sehr wohl Achtung vor den Menschen hat, die es gut mit ihr meinen und ihnen Zuneigung und Dankbarkeit entgegenbringt.

Am 12. April 1942 ist Weißer Sonntag in Niedermendig. Ein ganz feierlicher Tag für Rosemarie. In dem neugotischen Teil der St. Cyriakuskirche, der 1852 neben der alten romanischen Kirche aus dem 15. Jahrhundert gebaut worden war, geht die mittlerweile neunjährige mit 64 anderen Kindern des Dorfes zur Ersten Heiligen Kommunion. Wochenlang waren sie alle darauf vorbereitet worden. Das Bußsakrament, die Beichte, war bereits an einem anderen Wochentag vorausgegangen. Jedes Kind war erleichtert, wenn der Pater das ›Ego te absolvo in nomine Patris et Filii et Spiritus sancti‹ sprach, dabei ein Kreuzzeichen schlug und es mit einem ›Gelobt sei Jesus Christus‹ entließ. In der Kirche übten sie vorher auch die feierlichen Zeremonien, das Singen und das stets mit Kichern begleitete Einnehmen der Hostien. Bei manchen Kindern sah es einfach zu ulkig aus, wie es dem Pater die Zunge herausstreckte.

Kirche St. Cyriakus

Weißer Sonntag.

Wiederum ist Weißer Sonntag und wiederum schreiten junge Menschenkinder in der Frühe des Tages zum Gotteshause, zum Altare, um dort vor Gott und der ganzen Gemeinde das Taufgelübde zu erneuern und das Credo zu sprechen, und dann den unter den Gestalten von Brot und Wein verborgenen Gottmenschen erstmals in ihr Herz aufzunehmen. Glückliche Kinder. Tischgäste Gottes. Tragt Christus nicht nur in euren Herzen, sondern seid selbst Zeugen Christi auch draußen in euren Städten und Dörfern, und lasst die Liebe Gottes, die euch erfüllt, alle Menschen spüren.

Kommunionkind Rosemarie

Rosemarie, stolz und glücklich, trägt – wie alle anderen Mädchen auch –, ein feines, spitzenbesetztes, weißes Kleid, die große Kerze in der rechten Hand und die Haare fein zurückgesteckt, mit einem weißen Kränzchen auf dem Kopf. Ihre hellblonden, feinen Haare leuchten in der Sonne. Es ist ein schöner Sonntag in Niedermendig.

Elsens sitzen schon in ihrer Reihe. Weit vorne haben sie auf den harten Bänken Platz genommen mit ihren Verwandten aus dem Dorf und auch die Nachbarn sind alle da. Irmgard sitzt bei ihren Pflegeeltern. In der Kirche geht es jetzt feierlich zu. Die

Kommunionkinder schreiten andächtig, die weißumrankte, brennende Kommunionkerze in der Hand balancierend, auf den mit Blumen geschmückten Altar zu, um dann vorne in den ersten Bänken niederzuknien. Bevor die heilige Messe beginnt, müssen die Kommunionkinder ihr Taufgelübde erneuern. Der Pater stellt ihnen viele Fragen dazu. Fast zum Schluss des Gottesdienstes kommt endlich der ersehnte große Augenblick. Alle Kinder empfangen den Leib Christi in Gestalt der heiligen Hostie, den sie ehrfürchtig, mit viel Spucke aufgeweicht, hinunterschlucken.

Als der Gottesdienst vorbei ist, sind Rosemarie und die anderen Kommunionkinder offiziell in die Gemeinde aufgenommen. Jungen und Mädchen stellen sich vor der Kirche getrennt für ein Foto auf. Rosemarie steht strahlend in der Mitte, rund herum alle anderen Mädchen. Aber links von ihr die liebste: Freundin Christine.

Als der Fotograf fertig ist, geht jeder, der ein Kommunionkind hat, zu sich nach Hause, um zu feiern. Auf dem Rückweg wird Rosemarie in der Alten Kirchhofstraße ganz alleine fotografiert. Sie stellt sich vor dem grau-schwarzen Basaltsteinhaus Nr. 5 in Positur.

Jetzt wird gefeiert. In der guten Stube ist die Festtafel hergerichtet. Elsens haben die Verwandten eingeladen. Adolf, der Nachbarjunge ist auch da, Irmgard, die Kleins, eine richtig große Gesellschaft. Auch die Nachbarn gratulieren und wünschen alles Gute. Und mitten drin steht Rosemarie, die für damalige Verhältnisse reichlich beschenkt wird. Sie bekommt bunte Sträußchen, schöne Bilderkarten, ein paar Süßigkeiten, ein neues Gebetbuch und ein paar Spitzentaschentücher. Zum Mittagessen stellt Elise Elsen einen Braten mit Soße auf den Tisch. Dazu reicht sie Kartoffeln und Gemüse herum. Die Kinder trinken Regina-Limonade dazu, die Erwachsenen Bier und Wein. Zum Kaffee hat Frau Elsen Kuchen aus der Bäckerei geholt.

Nach der Nachmittagsandacht besucht Rosemarie ihre beste Freundin Christine. Auch hier wird sie herzlich zum Kuchenessen aufgefordert, doch Rosemarie lehnt dankend ab, sie hat schon so viel gegessen. Der Bruder packt den Fotoapparat aus und marschiert mit den beiden Mädchen in den Garten.

Abends liegt Rosemarie erschöpft, aber glücklich im Bett. Es war ein wunderschöner Tag. Alle sind sie gekommen! Fast alle. Von der Mutter aus Düsseldorf hört Rosemarie nichts. Die letzte Nachricht, die Elsens 1942 über sie erfahren, ist die, dass Maria Nitribitt gerade eine Haftstrafe im Düsseldorfer Frauengefängnis absitzt. Dem Vater ist Rosemarie sowieso egal. »Zahlen will ich auch nichts«, gibt er dem Kreisjugendamt Mayen bekannt, das ihn wegen des Unterhalts angeschrieben hat. Der Vater teilt zur Begründung mit: »Ich bin verheiratet und habe selbst fünf Mäuler zu stopfen!« Das Jugendamt notiert: »Herr P.S.[27] ist ein Arbeiter mit wechselnden Beschäftigungen.« Es war um die Summe von 25.- RM monatlich für Rosemarie mit ihm verhandelt worden.

Von Frau Elsen wird allgemein berichtet, dass sie eine gute Pflegemutter gewesen sei und Rosemarie gut umsorgt hat. Aber letztendlich konnte ihr das Ehepaar die richtige Familie nicht ersetzen und die Schwester zum Reden, Spielen und abends zum Kuscheln und Kichern fehlte ihr auch. Sie war allein mit dem alten Ehepaar.

> Christine Vollmer: *»Rosemarie hatte den Traum, dass sie anerkannt wird, als Mensch. Also das man sie so nahm, wie sie war. Und dieser Traum hat sich für sie nicht erfüllt. Ich bin der festen Überzeugung, dass sie nicht glücklich war. Sie suchte. Sie suchte Geborgenheit und Liebe. Das hatte sie ja nicht, woher denn auch? Ich habe ja viele Geschwister, also eine richtig große Familie und Rosemarie kam viel und oft zu uns. Sie fühlte sich wohl bei uns, so wohl, dass sie meine Mutter mehrfach fragte: ›Warum bin ich denn nicht bei euch? Kann ich denn nicht hierbleiben?‹ Es fehlte ihr halt etwas. Sie hat nie viel über ihre Vergangenheit oder ihre Mutter gesprochen; sie hatte ja*

nur die Frau Elsen. In den ersten ein oder zwei Jahren war ihre Oma mal da gewesen, aber sonst wüsste ich nicht, dass Rosemarie von irgendjemandem aus ihrer Familie besucht worden wäre. Die Schwester natürlich. Die wohnte ja schließlich im Ort. Aber so oft kam die ja auch nicht.«

Irmgard: *»Meine Oma kannte ich noch. Die Katharina Auguste! An der Flak ist die angeschossen worden und dann sechs Wochen später gestorben. Sie kam uns auch mal in Mendig besuchen. Die war lieb gewesen. Hat sie uns doch tatsächlich Pralinen mitgebracht! Die hatte sie aus Trümmern herausgezogen, da war ein Lebensmittelgeschäft zerbombt worden und da hat sie im Schutt gewühlt, um uns etwas mitzubringen. Meine Oma war ja traurig, dass das so mit uns war. Da hatte sie nur eine Tochter und dann hatte sie immer nur Ärger mit ihr. Aber sie konnte ja auch nichts daran ändern. Meine richtige Mutter kam mich ja mal besuchen. Meine Pflegeeltern mussten damit einverstanden sein. Wie die kam, bin ich flitzen gegangen. Und wenn die dann sagte: ›Komm doch mal zu deiner Mutti, gib deiner Mutti doch mal ein Küsschen!‹ Da habe ich nur gesagt: ›Du bist nicht meine Mutti, meine Mutti, die steht doch da!‹ Und dabei habe ich auf meine Pflegemutter, die Elise Klein gezeigt. Ist doch normal oder? Ob die das Rosemie auch besuchte, weiß ich nicht. Daran kann ich mich nicht erinnern und Rosemie hat darüber auch nichts erzählt.«*

Im Gleichschritt

In der damals üblichen Weise war im zivilen Raum das bürgerliche Leben der Niedermendiger bereits seit Jahren gleichgeschaltet. Die Jugend wurde von Anfang an, und das meist freiwillig, auf das System eingeschworen. Bis zu 95 % eines Jahrgangs wurden in der Hitler-Jugend oder im Bund Deutscher

Mädel mit den Zielen des Nationalsozialismus vertraut gemacht und paramilitärisch für den Ernstfall vorbereitet. Zum Deutschen Jungvolk in der Hitler-Jugend gehörten die 10–14-jährigen Jungen, deren Eintritt am Vorabend des 20. April – Führers Geburtstag –, zu erfolgen hatte. Für die Mädchen gab es auch die entsprechende Organisation im Jungvolk, die Jungmädel-Gruppen.

Rosemarie war am 1. Februar 1943 zehn Jahre alt geworden und ihre Klasse trat geschlossen in den BDM ein, getreu nach der Verpflichtungsformel: ›Ich verspreche, in der Hitler-Jugend allzeit meine Pflicht zu tun in Liebe und Treue zum Führer und unserer Fahne.‹

Die Aufnahme der sogenannten Pimpfe bestand in der Pimpfenprobe. Sie mussten in den ersten Monaten beispielsweise alle Verse des Horst-Wessel-Liedes und des HJ-Fahnenliedes auswendig lernen, an Geländeübungen teilnehmen, sich im Kartenlesen üben und an verschiedenen Sammlungen beteiligen. Zur paramilitärischen Ausbildung gehörten auch Geländemärsche. Die Körperertüchtigung war ein zentrales Erziehungsziel der Nationalsozialisten. Hitlers Vision vom ›Heranzüchten kerngesunder Körper‹ sollte wegweisend sein für die Staatsjugend im Dritten Reich. Deshalb wurde damit so früh wie möglich begonnen. Pimpfe mussten die 60 Meter in 12 Sekunden laufen können. Sie mussten den Schlagball mindestens 25 Meter weit werfen und 2,75 Meter weit springen.

Mitschülerin[28]: *»Ich kann mich noch erinnern, dass ich eine BDM-Jacke getragen habe, die wurde dann verbrannt, als später die Amis kamen, damit mir und meiner Familie nichts passierte. Ich meine, alle Mädchen des Jahrgangs '33 waren bei den Jungmädels. Einmal in der Woche mussten wir antreten. Wir haben da schöne Sachen gemacht, wie zum Beispiel vor Weihnachten gebastelt und die Basteleien wurden dann an*

Kinderheime verschenkt. Wir sind natürlich auch marschiert und haben dabei Lieder gesungen. Wir haben auch Spiele gespielt und Schnitzeljagden veranstaltet. Es hat uns gut gefallen. Wir waren alle zusammen. Außerdem haben wir an vielen Sportfesten teilgenommen. Wenn wir dann wieder in die Schule gingen, hat der Lehrer Löhr gleich gefragt, ob auch ja keiner von uns geschwänzt hätte. Der Lehrer Löhr nahm das sehr genau mit dem BDM und der HJ, der war ein bisschen fanatisch.«

Lieder, Riten, Wanderungen, gemeinsames Basteln und Musizieren, Uniformen und Heimabende, das alles war seit langem von der Pfadfinder-Bewegung bekannt. Kinder und Jugendlichen zum gemeinsamen Tun zu begeistern war nicht besonders schwer. Insbesondere die Kriegskinder, die an dem speziellen Tag nicht arbeiten oder die Schulbank drücken mussten und die Abwechslung vom Alltäglichen genossen.

Nationalblatt, Gauzeitung Koblenz-Trier, Aus dem Kreis Mayen

vom 5. Juni 1939. Einzelpreis 10 Pfg.

Pimpfe auf Fahrt.

Niedermendig. Das hiesige HJ.-Fähnlein führte eine dreitägige Wanderfahrt durch. Dienstag ging´s los. Um 3 Uhr nachmittags marschierten 53 Pimpfe unter Leitung von Fähnleinführer Koch ab. Es ging nach Pillig, wo das vorher ausgemachte Scheunenquartier bezogen wurde. Durch die Zuvorkommenheit des Quartierwirtes konnte allen Pimpfen abends Kakao und am anderen Morgen Kaffee gereicht werden. Die Fahrterlebnisse ließen, trotz der Müdigkeit, die Jungen nicht so schnell zur Ruhe kommen, alles musste noch einmal durchgesprochen werden, und für manchen war das Wecken am anderen Morgen deshalb zu früh. Dann wurde nach Pyrmont marschiert. Dort erwartete die Pimpfe eine große Überraschung, erschien doch zur großen Freude und Überraschung aller der Stammführer Juln, der sie jetzt führte. Der Weg ging durch das romantische Elztal nach Burg Eltz, weiter nach Moselkern, dann die Mosel entlang nach Lasserg und zurück nach Münstermaifeld. Hier wurde wieder in einer Scheune das Nachtquartier bezogen. Am anderen Morgen um 6 Uhr wurde der Rückmarsch angetreten. Großes Hallo verursachte immer das Abkochen. Das Anlegen der Kochstellen wie überhaupt die ganze Fahrt wurden für den Erwerb des HJ.-Leistungsabzeichens gewertet. Die Bedingungen wurden von allen erfüllt und die Pimpfe sprachen den Wunsch aus, doch recht bald wieder eine solch erlebnisreiche schöne Wanderfahrt durchzuführen.

Gefährlich und neu bei dieser Art »Jugendbewegung« war die einseitige, ideologische Ausrichtung, die totale Gleichschaltung des Denkens und Handelns. Überwacht werden sollte das Ganze nicht nur vom Elternhaus. Das Hauptaugenmerk lag auf den Lehrern, die die Schüler auf das System einzuschwören hatten. Nicht alle Niedermendiger Lehrer nahmen das so genau. Pater Burkhard beschreibt in der Benediktinischen Monatsschrift ›Erbe und Auftrag‹ von 1983 über die Niedermendiger Lehrerschaft und ihre Einstellung zur Kirche:

»Wir hatten im Übrigen manche Hilfe, etwa von der Lehrerschaft. Die Herren mussten zwar alle irgendwelche Dienste in der ›Partei‹ tun, waren aber, mit nur einer einzigen Ausnahme, der Kirche treu ergeben und gerne zur Hilfe im Rahmen ihrer damaligen Möglichkeiten bereit. Bedeutend aktiver waren die Lehrerinnen; ohne jede Furcht standen sie auch öffentlich auf unserer Seite.«

Über die Haltung der Gemeinde gegenüber der Kirche schreibt er in einem Fragebogen für das Generalvikariat Trier im Juli 1943:

»Die Kriegsnot fördert das Beten, immerhin sind mir mehrere Familien bekannt, wo, im Zusammenhang mit Kriegssorgen, durch Monate hindurch der Rosenkranz täglich gebetet wird.«

Weiter berichtet Pater Burkhard über die kirchlichen Feiertage:

»Die kirchlichen Feiertage leiden unter den heutigen Verhältnissen, doch ist der Besuch der Morgen- und Abendmessen an solchen Tagen gut zu nennen. Man will diese Tage ›retten‹. Der Priester wird gern gegrüßt mit ›Gelobt sei Jesus Christus‹ und, vor allem die Jugend, mit ›Grüß Gott‹. Die Erwachsenen scheuen das ›Gelobt sei Jesus Christus‹. Durch die neuen nationalen Grußformen kommt eine gewisse Unsicherheit, aber auch wieder ein trotziges Festhalten am katholischen Brauchtum.«

Postkarte Kriegsweihnachten Maria Laach, 1943

Das Weihnachtsfest wurde von den Kindern besonders herbeigesehnt, es war schön und traurig zugleich. Für die Erwachsenen war es ein Fest in einer sehr dunklen Zeit. »Kein Hoffnungsstrahl erschien uns.«[29]. In vielen Familien war der Vater, Bruder, Onkel oder Sohn noch nicht heimgekehrt oder als vermisst gemeldet, verwundet oder schon gefallen.

Üppige Geschenke fanden die Kinder nicht unter dem Tannenbaum. Aber trotz aller Armut zauberte die Mutter doch die eine oder andere Überraschung herbei, es brannten Kerzen am Baum und bunte Kugeln schimmerten im Licht. Im Radio waren neben den üblichen Appellen Weihnachtslieder zu hören. Ein Höhepunkt in der Weihnachtszeit war auch die Messe in der Kirche. Alles war festlich geschmückt, Nachbarn und Freunde saßen ehrfürchtig, dicht und warm beisammen. Und dann sangen alle gemeinsam das Lied ›Damit der Sünder Gnad' erhält‹, das ein Niedermendiger Lehrer vor über 100 Jahren komponiert hatte und an das sich heute noch die alten Leute erinnern können. In den Zeitungen waren damals regelmäßig ›Weihnachtsparolen‹ zu lesen und die hießen ›Siegen!‹, auch 1942, als sich schon die Wende abzeichnete.

Aufruf zum Opfersonntag in der Kriegsweihnachtszeit – Viele deutsche Männer stehen auch in der Weihnachtszeit draußen an der Front, fern von ihren Familien. Haben sie nicht ein recht, auf unser Opfer zu schauen? Aus ganzem Herzen wollen wir an diesem Sonntag geben. Wir schenken, wir opfern für unser Volk, und zwar so, dass wir den Männern, die unser Weihnachtsfest beschützen, frei ins Auge sehen können.

Den Soldaten an der Front zu gedenken war eine Selbstverständlichkeit. Sie benötigten im Winter dringend warme Wollsachen. Man hatte selbst nicht viel, doch das, was man besaß, wurde zu Brauchbarem umfunktioniert. Da wurden Wolldecken zerschnitten, um daraus Fäustlinge zu machen, aus Badeanzügen wurden Ohrenschützer und aus wollenen Unterhosen Lungenschützer.

Nationalblatt, Gauzeitung Koblenz-Trier. Aus dem Kreisgebiet.

Weihnachten 1941.

Die NSKOV. als Beauftragte der NSDAP. veranstaltete zusammen mit der Lazarettverwaltung Maria-Laach eine Weihnachtsfeier. Schwesternhände hatten das ganze Lazarett geschmückt. Um 2.30 Uhr begann die Bescherung der Schwerstverwundeten in den einzelnen Zimmern im Beisein der Lazarettverwaltung, der Stationsärzte, Schwestern und Helferinnen. Weißgekleidete Niedermendiger Mädchen überreichten Geschenke, während der Sonderbeauftragte der NSKOV. für Lazarettbetreuung, Pg.Rektor Grett, die Grüße und Wünsche der Partei, insbesondere unseres Kreisleiters und Landrates und der NSKOV. überbrachte. Einem Soldaten wurde als ganz besonderes Geschenk das E.K. II. Kl. überreicht. Während der Bescherung erfreute eine BDM.-Gruppe aus Mayen die Verwundeten durch Vorträge von Weihnachtsliedern.

1943 beginnt die Phase des ›Totalen Krieges‹, die mit pausenlosen Bombardierungen deutscher Großstädte einhergeht. Nacht für Nacht werden die Menschen aus dem Schlaf gerissen und stürzen in die Bunker und Luftschutzkeller. Die Grundnahrungsmittel sind für die Städter nur noch schwer zu bekommen und nach endlosem Schlange stehen ist oft nichts mehr zu verteilen da. Hunderttausende flüchten jetzt aus den durch Luftangriffen gefährdeten Städten aufs Land. Auch in Niedermendig suchen Evakuierte Schutz und Unterkunft. 2 Betriebe verlegen infolge des Bombenkrieges ihren Firmensitz ins Eifeldörfchen:

die Fabrik Wilhelm Hanstein aus Düsseldorf stellt Matratzen, Polstermöbel und Bettwaren her und die Wäschefabrik Gustav Obrecht KG. aus Köln produziert bestickte Bettwäsche, Tischwäsche, Parade- und Kinderbettwäsche. Die Polstermöbel-Werkstätten sind auch heute noch in der Brauerstraße/Ecke Stürmerich ansässig. Die Wäschefabrik jedoch, die über 300 Menschen (hauptsächlich Frauen) während des Krieges und nach dem Krieg beschäftigte, existiert nicht mehr.

Der Krieg erreicht die Eifel ab Mitte 1944 und die Gebiete westlich des Rheins werden direktes Hinterland der Front. Der Nachschub für die deutsche Wehrmacht über Straße und Schiene soll verhindert werden. Eisenbahn- und Straßenknotenpunkte sind nun häufiges Ziel der alliierten Bombengeschwader, so auch in und um die Stadt Mayen. Der Luftkrieg greift auf Niedermendig über. Er gilt hauptsächlich dem Flugplatz, später aber auch dem Bahnhof, wo regelmäßig V1- und V2-Raketen verladen werden, die über Mayen zum Abschuss an die Front gebracht werden sollen, um die drohende Niederlage abzuwenden. Diese V1-Raketen werden in der Bevölkerung nur noch ›Eifelschreck‹ genannt, weil viele von ihnen unkontrolliert landen. Sie sehen ungefährlich aus und sind doch unberechenbar, mit ihrem dicken Rumpf, ihren kurzstummeligen Tragflächen und ihrem grauen Leitwerk. Tatsächlich war die Wunderwaffe der Nazis der leibhaftige Tod, voll mit Benzin, Sprengstoff, Batterien und Uhrwerken. Bei einem Bombenangriff auf Niedermendig gibt es 2 Tote, 4 Wohngebäude werden zerstört, 5 beschädigt. Täglich flogen die verhassten und gefürchteten Tiefflieger Angriffe. ›Jabos‹ werden sie genannt und haben Maschinengewehre an Bord. Wie aus dem Nichts tauchen sie auf, um mit höllischem Lärm im Trommelfeuer auf alle möglichen Ziele zu schießen und dann genauso schnell und plötzlich wieder zu verschwinden.

Jetzt ist der Krieg für alle hautnah zu spüren. Die Nationalsozialisten versuchen über Rundfunk den Durchhaltewillen der Bevölkerung zu stärken, im gleichen Zuge werfen die Amerikaner Flugblätter ab, die die Zivilbevölkerung über die Aussichtslosigkeit des Kampfes aufklären sollen.

Mitschülerin[30]: *»Ja, was hatten wir denn noch an Schule! Nichts! Entweder war kein Brand da, oder sie hatten ein Lazarett aus dem Klassenzimmer gemacht oder es war Fliegeralarm oder wir mussten diese Flugblätter aufsammeln gehen!«*

Im Volksempfänger sind jetzt verstärkt Sendungen zur Ablenkung zu hören: Hörspiele, die ›Musikalische Kurzweil‹ oder Märchen von den Gebrüdern Grimm. Nach wie vor wird die Bevölkerung aber auch mit dem ›Bericht zur Lage‹ oder der Sendung ›Was sich Soldaten wünschen‹ über die Kriegswirklichkeit informiert.

Schonungslos treffen die ersten Todesnachrichten ein. Wie die Stimmung jetzt in der Gemeinde ist, erfährt Pater Burkhard besonders deutlich bei seinen Kondolenzbesuchen.

»Hitler hatte bekanntlich seit Sommer 1941 verboten, dass die Geistlichen diese Nachricht aushändigen sollen. So konnten wir und brauchten wir erst zu kommen, wenn der erste furchtbare Schlag schon gefallen war. Wir hörten dann manches harte Wort gegen die Führer des Krieges.«[31]

Als auch Anna Maria Elsen die Nachricht vom Tod ihres einzigen Sohnes erhält, hat sie vielleicht ähnlich reagiert.

Christine Vollmer: *»Frau Elsen hat sehr getrauert um ihren Sohn Felix, als der im Krieg gefallen ist. Das war sehr sehr schlimm für die Frau Elsen und da war sie auch lange Zeit sehr verschlossen. Beinahe verbittert. Sie hat bis zu ihrem Tod getrauert. Dass sie den Felix verloren hatte, hat sie nie verwunden.«*

Am darauffolgenden Sonntag wurde in der Gemeinde der Totengottesdienst gehalten, an dem auch traditionell die Totenzettel verteilt wurden. Dies waren kleine Bildchen, die auch heute noch als Andenken an einen Verstorbenen in der Gemeinde verteilt werden. Jeder, der am Gottesdienst teilnimmt, erhält ein solches Bildchen mit einem religiösen Text und den Lebensdaten des Toten darauf. Allerdings bedauerte Pater Burkhard damals die Einflüsse der Partei auf den Inhalt dieser Zettel.

»Bei den Trauergottesdiensten werden Totenzettel ausgeteilt, die meistens geschmacklos sind, vor allem durch die furchtbaren, aber beliebten Knittelverse, etwa ›Lieber Mann du starbst so früh, vergessen werden wir dich nie‹ u.ä. Da sie von Parteiseite auf den Kriegertotenzettel nun auch amtlich gefördert werden, verschwinden die Schrifttexte immer mehr.«[32]

Im Oktober 1944 wurden alle waffenfähigen Männer zwischen 16 und 60 Jahren einberufen. Ältere Männer kommandierte man in den ›Volkssturm‹ und die ganz Jungen in das ›Letzte Aufgebot‹ ab. Die Volksschüler bekamen anfangs noch unregelmäßig Unterricht, schließlich wird er ganz eingestellt.

Friedrich Laubenthal: *»Die Jahrgänge, die 2–3 Jahre älter waren als wir, mussten damals schon an den Westwall zu Schanzarbeiten. Sie sollten dort Panzergräben bauen und Schützengräben ausheben. Wir Kleinen blieben zu Hause.«*

Ende der Kindheit

In dieser verworrenen Zeit, in der sich die tägliche Sorge um das nackte Überleben mit der Nachricht vom Tod Angehöriger oder Nachbarn abwechselte, in dieser Zeit endete die Kindheit von Rosemarie. Die Elfjährige begegnete ihrem Vergewaltiger im Tannenwäldchen oben am Alten Friedhof. Dort, wo die Kinder in den friedlichen Tagen immer miteinander spielten. Der Junge ist ein 18 Jahre alter Niedermendiger, der kurz danach Soldat wird.

Adolf Bous, Nachbarjunge: *»Ich werde mich hüten, etwas zu sagen. Wenn ich das erzähle, weiß derjenige sofort wer gemeint ist!«*

Dass Rosemarie und ihr Peiniger sich kannten, ist anzunehmen. Und nachdem er Macht über Rosemarie bekommen hatte, wird er sie wahrscheinlich angefleht oder unter Druck gesetzt haben, damit sie ihn im Dorf nicht verriet. Was Rosemarie gefühlt hat, lässt sich nur vermuten. Sie war verletzt, verwirrt, besudelt, geschändet. Die einzige Person, der sie sich anvertraut haben wird, wird Frau Elsen gewesen sein. Vor ihr konnte sie auch nichts verheimlichen. Wie ihre Pflegemutter auf die Gewalttat reagierte und was sie unternahm, ist nicht bekannt. Ob sie einen Arzt holte, darüber gibt es keine offiziellen Unterlagen. Eine Anzeige bei der Polizei zu erstatten, wird kein Thema gewesen sein. Eine Vergewaltigung wurde damals noch mehr tabuisiert als heutzutage und der Täter war auch noch nicht strafmündig. Aus Sicht der damaligen Zeit war die Vergewaltigung eine Schande, damit ging man nicht hausieren. So blieb die Tat ungesühnt. Die Vergewaltigung wurde verdrängt.

Was hätte man auch tun sollen? Vielleicht war es der Sohn der Nachbarn, vielleicht kannte man die Eltern. Wahrscheinlich gab man, wie es heute auch oft der Fall ist, dem Opfer eine Mitschuld. Hatte Rosemarie sich zu aufreizend gegenüber dem Niedermendiger verhalten? Man wusste doch, woher sie kam, und dass ihre Mutter so viele Männer gehabt hatte.

Elsens, und wer auch immer sonst noch eingeweiht war, betrachteten die Vergewaltigung bestimmt als ›schrecklich‹. Aber Wunden heilten und Gras wuchs über diese Sache. Für alle gab es Ende 1944 Wichtigeres, als sich um die Seele eines unehelichen Heimkindes zu kümmern. Man hatte genug Sorgen damals.

Spätestens nach Rosemaries Tod 1957, als bekannt wurde, dass sie als Prostituierte gearbeitet hatte, war der Schuldige in den Augen der Eingeweihten vermutlich rehabilitiert, nach dem Motto: man hatte es ja schon immer gewusst! Und auch das bewusste Verschweigen und Vergessen der Tat damals in der Dorfgemeinschaft ließ sich so im Nachhinein wohl besser ertragen. Die Grundlage dieser Sichtweise stammt aus einer Kultur, Tradition und Religion, die die Rechte der Frauen seit Jahrhunderten ignoriert und ihnen vorwirft, in vielen Fällen von Vergewaltigung und sexueller Belästigung die Hauptschuldige zu sein. »Notzucht«, »Unzucht« oder wie immer die Vergewaltigung in den verschiedenen Epochen hieß, war damals stets nur das, was gegen von der Justiz hochgehaltene Moralvorstellungen verstieß. Zur Erinnerung: Das Gesetz z.B., das Vergewaltigungen in der Ehe zur Straftat machte, trat am 1. Juli 1997 in Kraft, vor gerade erst mal 24 Jahren.

Was die Vergewaltigung in Rosemarie auslöste, lässt sich nur ahnen. Sicherlich ist es ein einschneidendes Erlebnis in ihrem jungen Leben gewesen, das ihr die Unbeschwertheit und das Gemüt eines Kindes raubte. Und möglicherweise ist diese Gewalttat auch ein Grund für ihre weitere Entwicklung.

Chocolate and chewing gum

Am 29. Januar 1945 durchbrachen drei amerikanische Divisionen zwischen Reuland und Schönberg im Kreis Bitburg-Prüm den Westwall. Hitlers ›Endsieg-Lösung‹ hatte sie nicht aufhalten können. Im Februar und März eroberten die alliierten Truppen den gesamten Eifelraum. Viele Ortschaften blieben von Kriegszerstörungen weitgehend verschont, weil sich die deutschen Soldaten kampflos zurückzogen. So geschah es auch in Niedermendig. Die letzten geschlossenen deutschen Truppen verließen das Dorf am Mittwoch, dem 14. März 1945. Erst Freitagnachmittag kamen die ersten drei Panzerspähwagen der US-Army durch die Heidenstockstraße gefahren.

Deutscher Soldat ergibt sich in der Heidestockstraße.

Alfred Bous, Nachbarjunge: *»Am Ende vom Krieg, da waren ja hier jede Menge Lebensmittellager. Und wie dann unsere Soldaten weg waren und die Amis waren noch nicht hier, da wurden die natürlich geräubert. Also wer das Meiste kassiert hat, das war die Rosemarie. Die hat sich durch die Menge da durchgewunden, es war unheimlich! Ich habe davon auch noch profitiert. Ob das Tabak war oder Schokolade, da gab's auch so Notrationen, so Pakete waren das, die hat da jede Menge raus geschleppt. Und ich habe dann draußen gestanden und in Empfang genommen. Da sind wir noch nach Hause gegangen und haben einen Handwagen geholt. Margarine haben wir da hineingeladen, den ganzen Handwagen voll! Die Rosemarie und ich. Und dann haben wir nachher die ganze Nachbarschaft mit Margarine versorgt. Es gab ja damals nichts mehr. Und wir haben noch schwer getauscht damit. Die anderen hatten Fleischkonserven oder ähnliches und wir hatten Margarine. Auf jeden Fall, das konnte sie. Die hat sich mit ihren Ellenbogen da durchgesetzt und durch die Menge gearbeitet und sie war ja auch noch kleiner, sie hat sich unter den Armen der Erwachsenen durchgeduckt und das gleiche wieder zurück mit den Paketen natürlich. Sie war nicht bange, eher raffiniert. Sie wusste sich zu helfen.«*

Auch die Schule und der Tanzsaal wurden von der Bevölkerung nachts geplündert. Da hieß es für die Kinder zeitig ›Ab ins Bett!‹ Und dann schlichen sich die Mütter zum Plündern davon.

Der Klassen- und der Tanzsaal waren kurz zuvor noch für die deutschen Soldaten mit Ei- und Milchpulver, Tabak, Brot, Mehl, Butter und Fleischkonserven aufgefüllt worden. Die Frauen stopften Taschen, Rucksäcke und Körbe voll und schleppten, soviel sie tragen konnten, nach Hause.

Samstags wurde Niedermendig offiziell besetzt, im Eifeldörfchen war der Krieg nun endgültig vorbei, während andernorts noch bis zum 8. Mai die Bomben fielen.

Friedrich Laubenthal: *»Da hieß es: die Amis kommen! Da liefen die Frauen, Männer waren ja so gut wie keine mehr da, den Amis mit weißen Tüchern entgegen oder hängten weiße Tücher aus den Fenstern. Ein Teil vom Ort musste aus seinen Häusern, wurde von den Nachbarn aufgenommen, die Amerikaner haben die besetzt, später wurden die wieder freigegeben. Dann gab es die Ausgangssperre: nur ein paar Stunden durfte man auf die Straße, morgens und abends 2 Stunden, nachher wurde das dann gelockert auf 12 Stunden täglich, bis es wieder ganz frei war.«*

Pater Burkhard hatte am Passionssonntag in einer überfüllten St. Cyriakus-Kirche gepredigt. In den hintersten Reihen in beiden Bänken saßen etwa 20 junge US-Soldaten mit Gewehren auf dem Rücken.

Pater Burkhard: *»Unsere Niedermendiger waren zu nervös, um zu kommunizieren, aber die amerikanischen boys schlichen auf ihren Gummisohlen lautlos durch die Reihen der Gläubigen zur Kommunion, was einen starken Eindruck machte.«*[33]

Die Stimmung war daraufhin wohl lockerer, aber nach der Kirche machte sich gleich wieder Ernüchterung breit: »Innerhalb zwei Stunden ist das gesamte Innendorf mit allen Möbeln und Geräten zu räumen!« verkündeten die Amerikaner. Auf dem Flugplatz richteten sie vorübergehend ein Lazarett ein.

Amerikanische Besatzungstruppen 1945/46

Den ›GIs‹[34] war der private Kontakt mit den Niedermendigern strengstens verboten, um eine ›Fraternisierung‹, d.h. eine Annäherung und Freundschaft alliierter Soldaten mit den Deutschen zu verhindern. Das ging so weit, dass sie ihre Lebensmittelreste verbrannten, obwohl im Dorf Hungersnot herrschte. Aber allmählich entkrampfte sich das Verhältnis zwischen Siegern und Besiegten. Viele junge Soldaten kümmerten sich später auch nicht mehr um die offiziellen Anordnungen und beschenkten die Niedermendiger mit Süßigkeiten. Vor allem der Anblick der schwarzen Soldaten jagte den Kindern Schauer über den Rücken.

Friedrich Laubenthal: *»Wir Kinder waren ja damals zwölf Jahre alt und nach der anfänglichen Scheu vor den fremden, meist schwarzen Soldaten haben wir von ihnen auch Kaugummis genommen.«*

Adolf Bous: *»Die amerikanischen Besatzungssoldaten waren gut zu den Kindern, es gab Schokolade. Aber anfangs hatten wir doch etwas Angst vor ihnen, die waren so groß und dunkel. Da haben wir noch gemeint, die wäre vergiftet, wenn die Schokolade ausgeteilt haben. Hat lange gedauert, bis wir da mal probiert haben. Bei den Franzosen später bekam man nichts, die hatten ja selber nichts, jedenfalls nichts zum Verteilen.«*

Pater Burkhard: *»Vor dem Amtshaus befand sich ein US-Wachposten. Der Soldat, meist ein Farbiger, ›stand‹ nicht auf Wache, sondern saß bequem in einem Plüschsessel, zum Gaudium aller Deutschen. Der schwarze Soldat war die große Attraktion der Kinder, die neugierig und zugleich ängstlich auf ihn schauten. Er lockte die Kinder an und gab ihnen Apfelsinen. Nach einigen Tagen hatten die Kinder so viel Zutrauen zu ihm gefasst, dass sie dem Soldaten die Apfelsinen aus der Tasche zogen. Schließlich waren die Soldaten gegenüber den Kindern so hilflos, dass neben dem Posten eine Schultafel mit der Aufschrift ›Für Kinder kein Zutritt!‹ gestellt werden musste.«*[35]

Die Kinder hatten es gut und die deutschen ›Fräuleins‹ auch. Sie wurden stets zuvorkommend behandelt. Darunter war auch die blonde, blauäugige Rosemarie. Schulkameradinnen sahen sie trotz Sperrstunde nach 18 Uhr quietschfidel auf dem Jeep der Amerikaner sitzen.

Zeitzeugin[36]: *»Die Rosemarie raste mit ihnen durchs Dorf. Ganz keck saß sie da oben drauf. Und wie die Amis fuhren! Ach was, die fuhren ja nicht, die rasten ja immer! Zum Fürchten!«*

Amerikanische Besatzungstruppen 1945/46

Die Bevölkerung hatte in den wenigen Monaten, in denen die Amerikaner in Niedermendig waren, kaum zu leiden. Nach der ersten Phase der militärischen Eroberung und Besatzung entwickelte sich ein relativ friedliches Mit- und Nebeneinander.

Friedrich Laubenthal: *»Es gab sehr viele Erwachsene, die damals von den Amerikanern Vorteile hatten. Da bestand ein Vorteil nicht aus Geld, sondern aus Brot oder einer Stange Zigaretten. Kaugummis oder Konserven.«*

Es fehlte aber nicht nur an Lebensmitteln, auch die Kleidung, die in den Kriegsjahren von minderer Qualität war, war endgültig zerschlissen. Und so kam es im Mai 1945 zu einem ›Überfall‹ der Dorfbewohner auf ein paar Eisenbahnwaggons mit deutschen Uniformstücken, die von den Amerikanern erbeutet und bewacht wurden.

Pater Burkhard: *»Die Wachposten erlaubten nach einigen Plaudereien, dass Frauen sich Uniformen aus den Wagen herausholten, als kostbaren Stoff für umgearbeitete Zivilanzüge. Wenn der Posten beim Auf-und-Abgehen beim obersten Wagen war, konnten die Frauen den Stoff aus dem untersten herausholen und umgekehrt. Das sprach sich schnell herum und bald beteiligten sich viele Einwohner, Männer und Frauen, Alt und Jung, beim Ausräumen der Kleiderstoffe, bis eine Offizierspatrouille dem ganzen Spuk ein Ende bereitete.«*[37]

Die Soldaten konnten diesen Überfall, der in ihren Augen ein gewaltiges Verbrechen darstellte, nicht ungestraft lassen und so nahmen sie den Erstbesten mit und brachten ihn ins Gefängnis nach Mayen: es war ein Messdiener der Gemeinde. Pater Burkhard intervenierte und man ließ den Jungen bald wieder frei. Doch das dicke Ende kam noch nach und sorgte in der Soldatenzeitung ›The Stars and Stripes‹ vom 23.Juni 1945 für Schlagzeilen. Eines Morgens gegen 04.00 Uhr rückten überraschend 300 Soldaten in einer militärischen Kampfaktion in Niedermendig, ›dieser Nazi-Brutstätte‹ ein und durchsuchten alle Häuser nach den gestohlenen Uniformen. Sie kamen auch zum Pfarrhaus und zwangen Pater Burkhard die Tür zu öffnen.

> **Pater Burkhard:** *»Ich zeigte mich, noch in weißer nächtlicher Kleidung am Fenster. ›Öffnen!‹ Ich ging, nunmehr voll angezogen in meiner Mönchskleidung nach unten. Erschrocken wichen die Soldaten zurück: ›He is a priest!‹ Aber ich ließ nicht nach: ›Kommen Sie nur!‹ Der Soldat ging dann mit mir, eher verwirrt und ängstlich, durch das Haus. Eine angebotene Tasse Kaffee lehnte er ab. Im Dorf selbst ging es nicht so glimpflich her. Die Soldaten waren nicht mehr die kämpfende, diskrete Truppe, sie durchwühlten alles und nahmen nicht nur die gefundenen Uniformstücke, sondern auch manches andere, Uhren und dergleichen als ›Souvenirs‹. So hinterließ das Ganze doch etwas Bitterkeit. Dennoch sahen wir die Amerikaner ungern scheiden.«*[38]

Germany Edition

THE STARS AND STRIPES

Daily Newspaper of U.S. Armed Forces in the European Theater of Operations

S & S Weatherman ... Cloudy Maximum Temperature 80

Volume 1, Number 80 — Saturday, June 23, 1945 — 20 Pfennigs

Okinawa's Fall Opens Japan's Door to New ...

35th's Sudden Shakedown Recovers Looted Property

NIEDERMENDING, Germany, June 22 (AP)—Three hundred 35th Inf. Div. soldiers, under the command of Col. Alford C. Boatsman, staged a surprise in this Nazi hotbed when they gave it real shakedown inspection.

Military Government was of the opinion that this Rhine River town of 3,000 people was the source of repeated cases of trouble which included the looting of a train and the stealing of government property. So at 4 o'clock one recent morning, men of the 35th gave the town some convincing in a large dose.

Everyone was ordered to the street within five minutes.

Houses were searched and residents were checked for their identification cards. The net result was the discovery of 25 cases of goods from the looted train, a large amount of hoarded food, and more than 100 instances of failure to obtain indentity cards—which for two months have been available upon application.

The job was done with all the planning and military efficiency of a combat action. The town was divided into ten sectors, one for each platoon. Platoon leaders were emphatically told that military efficiency, which the Germans understand and respect, had to be shown, or the raid would not be a success, even though it did recover much contraband goods.

Montage aus Deckblattzeile »The Stars ans Stripes« und dem Artikel »35th's Sudden Shakedown. Recovers Looted Property« (Seite 8)

Frau Elsen erhielt seit dem 1. März 1945 wieder 20 RM Fürsorge vom Kreisjugendamt Mayen für Rosemarie. Bis dahin hatte die Stadt Düsseldorf diese Summe entrichtet, die Zahlung aber infolge der Kriegsereignisse eingestellt.

Das Leben ist schwer

Nach der in Jalta beschlossenen Aufteilung Deutschlands ziehen sich die Amerikaner vertragsgemäß aus der Eifel zurück und übergeben Niedermendig Anfang Juli 1945 den Franzosen. Ein schwerer Schlag für die Bevölkerung. Viele Marokkaner sind unter den französischen Soldaten. Es sind ausgesprochen arme Leute, die den Krieg im eigenen Land durchgemacht haben und sich nun als Sieger fühlen. Sie requirieren sofort das Vieh und die Lebensmittel, beschlagnahmen Wohnungen samt Inventar, demontieren Farbrikanlagen und Maschinen.

Ottmar Schneider, Stadtarchivar: *»Zeitweise waren 96 Wohnungen mit 342 Räumen sowie 223 Einzelzimmer beschlagnahmt. Sie erschwerten unsere Lebensbedingungen beträchtlich.«*

Pfarrer Viktor Kiefer kommt am 8. November 1945 in die Pfarrei nach Niedermendig, in der er bis 1949 tätig ist. Als ältester Sohn von acht Kindern einer Bergmannsfamilie wurde er am 18. August 1898 in Heiligenwald an der Saar geboren.

Pfarrer Viktor Kiefer

Viktor Kiefer ist den Niedermendigern als ruhiger, feiner Mann in Erinnerung. Er sei nett und zugänglich gewesen, habe ruhig und interessiert zugehört. Er sei auch ein heiterer Mensch und oft zum Scherzen aufgelegt gewesen. Viktor Kiefer, im Alter von 83 Jahren in Bad Kreuznach verstorben, hat die Atmosphäre der Nachkriegszeit in Niedermendig in der Pfarrchronik schriftlich festgehalten:

> *»Als eine schwere Belastung meiner Seelsorge empfinde ich gleich in den ersten Tagen die große Bedrängnis der Bevölkerung, hervorgerufen infolge der Beschlagnahmung einer großen Zahl von Wohnungen (ca. 50) durch die französische Besatzung. Die Leute dürfen nur ihre Kleider und Lebensmittel mitnehmen, alles andere (Hausrat etc.) muss in der Wohnung bleiben. Immer noch treffen Nachrichten ein von Gefallenen, die z.T. schon vor Jahresfrist ihr Leben gelassen haben. Das Durcheinander der letzten Monate des Krieges ermöglicht jetzt erst die geordnete Benachrichtigung der Angehörigen.«*[39]

Die Währung verfällt. Vor 1948 gab es in den Läden so gut wie nichts zu kaufen. 1946/47 ist der Hunger besonders groß, die Not besonders bedrückend. Die Kartoffelrationen waren gekürzt und die Leute mussten stattdessen Steckrüben essen. Zucker gab es kaum, Fett war Mangelware.

Um etwas Öl zu gewinnen, zogen viele Niedermendiger im Herbst mit Hämmern, Bettüchern und Körben bepackt in die Laubwälder, um Bucheckern zu sammeln. Noch heute trägt mancher Buchenstamm die Narben dieser Hammerschläge. Sie sammelten auch Beeren, Früchte, Linden- und Kamillenblüten und Wildkräuter. Die Not und der Umgang mit der Not, aus allem etwas zu machen, sitzt so manchem bis heute in den Knochen. Die Erinnerung an die Zeit, in der man nichts wegwarf, in der man – aus heutiger Sicht gesehen –, die kuriosesten Dinge selbst gebastelt hat, entweder, um die eigene Not zu lindern oder um Tauschware daraus zu machen. Ein Überleben ohne

Erfindungsreichtum wird unmöglich. Die Frauen schneiderten auf Teufel komm raus nach dem Motto: aus alt mach neu. Aus Fallschirmseide wurden Blusen und Kleider genäht.

Wenn Ostereierfarbe zur Hand war, färbte man die »neuen Sachen« damit ein. Aus Fallschirmgurten oder Kabelummantelungen entstanden kratzige Strickjacken. Aus einem aufgeräufelten Zuckersack wurden ein Pullover oder Strümpfe. Eine Karbidlampe aus Konservendosen erhellte den Tisch, Untersetzer entstanden aus Filtern der jetzt überflüssigen Volksgasmasken. Und es wird getauscht oder ›hintenrum‹ organisiert. Naturalien gegen Naturalien. Radiogeräte gegen Mäntel, Tischdecken gegen Bettgestelle, Koffer gegen Suppenteller, Gläser gegen Baumwollgarn für Strümpfe, die Aussteuer gegen Schuhe – auf dem ›Schwarzmarkt‹ der nahegelegenen Städte Mayen und Andernach kann jeder anbieten, was er hat. Und die getauschten Artikel werden dann im Wägelchen zu Fuß nach Hause gekarrt. Nur: erwischen lassen durfte man sich nicht. Es drohte zwar keine Geldbuße, aber die Waren wurden einfach weggenommen. Für die Stadtbevölkerung war das eine noch viel schwierigere Zeit. Sie hungerten. Und so rafften sie alle Dinge zusammen, die sie nicht unbedingt zum Überleben brauchten und fuhren damit aufs Land hinaus, um es dort gegen etwas Essbares einzutauschen. Die Landbevölkerung hatte infolge der langen Kriegszeit eher Nachholbedarf an Gebrauchsgütern des täglichen Lebens. Als die Züge wieder fuhren und die beschwerlichen Fußmärsche seltener wurden, waren die Wagen stets mit Hamsterern aus den Großstädten überfüllt. Von komfortablen Personenzügen konnte dabei keine Rede sein, sie glichen eher Viehwaggons und waren mit dem Schild »Reisende mit Traglasten« beschriftet. Die Menschen drängten und quetschten sich auf die Plattformen und Trittbretter, sogar auf den Dächern fuhren sie mit. Die einzigen Abteile, die nicht überfüllt waren, waren die ›Franzosenwagen‹, reservierte Wagen für die Besatzungstruppen. Selten wagte sich da ein Deutscher hinein, auch wenn die Hamsterer noch so vollbepackt waren. Besonders nicht in der Nähe von Niedermendig, wegen des Flugplatzes.

Kindfrau Rosemarie

Trotz aller Armut und Trostlosigkeit spielen für die Niedermendiger Kinder andere Dinge eine wichtige Rolle. Sie waren zwar alle recht dürftig bekleidet mit umfunktionierten Armeejacken oder mit Papier ausgestopften Erwachsenenschuhen, aber sie hatten wieder Schule und mussten nicht mehr so viel zu Hause im Garten oder auf dem Feld helfen. Die korrekte, an eine ›Kammerzofe‹ erinnernde Frau Schmidt unterrichtete die Kinder nun. Schreibpapier war rar, also wurde alles an die große Wandtafel geschrieben und davon abgeschrieben. Schulbücher gab es nur wenige, denn alle Fibeln mussten bis 1949 von den Behörden der Besatzungsmächte genehmigt werden. Sie wurden nicht nur entnazifiziert, sondern auch entpolitisiert. Ängstlich vermieden die Verlage nun Bilder und Texte, die an die Vorkriegszeit erinnerten. Da aber wenig Geld für ganz neue Bücher vorhanden war, fand diese Säuberung nur oberflächlich statt.[40]

Alle Kinder lesen und schreiben, die Klasse ist komplett – bis auf Rosemarie –, die erscheint immer unregelmäßiger zum Unterricht. Da Frau Schmidt auch in der Alten Kirchhofstraße, zwei Häuser über Elsens, wohnte, fällt ihr der Umgang Rosemaries mit zwei einheimischen Prostituierten auf.

1945 und '46 sind noch viele Männer in Gefangenschaft und noch mehr sind in den Kriegsjahren gefallen. Das Weihnachtsfest 1946 ist wohl das traurigste, das jemals in Deutschland gefeiert worden ist. 14°C Kälte, kein Brennmaterial, kein Brot, keine Kartoffeln, viel weniger Fett und dazu noch am Tage vier Stunden Stromsperre. Niemand hat am Ende des Krieges damit gerechnet, dass zwei Jahre später das Elend noch größer sein würde, als es im Krieg schon war. Alle Lebensmittel gehen auf Marken. Strümpfe, Schuhe, Zigaretten, Parfüm, Kleider und Unterwäsche bekommt man nur auf Bezugsscheine und Bezugsscheine bekommt man wiederum nur durch gute Beziehungen. Das alles war kein Grund zu ausgelassener Fröhlichkeit. Und dennoch: Nach Jahren der Unterdrückung und nächtlichen

Verdunkelung wollte man wieder frei sein, träumen, lachen. So wurde zum Beispiel trotz Hungers- und Wohnungsnot zu allen Anlässen und wo immer es in einer Gastwirtschaft erlaubt war, getanzt. Niemand wusste, was morgen sein würde, also genossen alle das Leben so gut es ging. Und viele Frauen machten aus der Not eine ›Beziehung‹: Die auf dem Flugplatz stationierten französischen Soldaten waren das Ziel.

Irmgard: *»Die Mendiger die sind das ja auch schuld, dass das mit meiner Schwester so weit gekommen ist! Die war 12 Jahre, da fing das so langsam an. Und dann haben sie die auf den Flugplatz mitgeschleppt, dann war sie einmal mit und dann haben sie die immer öfter mitgenommen. Ich weiß ja heute noch, wer das war! Die sind schuld, die haben meine Schwester verführt. Meine Schwester war ja noch so jung damals!«*

Adolf Bous: *»Wie Rosemarie auf den falschen Weg kam? Naja, wohl hauptsächlich durch die Franzosen. Die haben der das erst so richtig beigebracht.«*

Margareta Becker: *»Im Grund genommen hat die mir leid getan, die Rosemarie, dass die auf so eine Bahn geraten ist. Die ist hier aufgewachsen wie all die Kinder hier und wie die da hin geraten ist, weiß ich auch nicht.«*

Margarethe Klasen: *»Also ich könnte ihr nichts nachsagen, sie war so nett. Sie war ein frohes Mädchen. Aber es war nicht so, dass man sich irgendetwas denken könnte!«*

Adolf Bous: *»Der Chor hatte in Maria Laach gesungen. Der Kirchenchor. Und der Pater Ambrosius hatte den Chor geleitet. Ein sehr guter Chor! Und da war irgendeine Feier im Klostergarten von Maria Laach. Und auf dem Rückweg von dem Singen begegnet uns die Rosemarie mit so einem jungen Franzosensoldaten. Die kamen da anspaziert. Oje. Da war was los. Das hat natürlich* *sofort einer verpetzt bei Elsens und die haben das unterbunden. Der Herr Elsen hat die Rosemarie verhört: ›Ja was habt ihr denn gemacht?‹ ›Er hat mir ein Kussen gegeben‹, sagte Rosemarie. Daran kann ich mich noch genau erinnern, wie sie das sagte.«*

Christine Vollmer: *»Ich habe nicht mitbekommen, als Rosemarie sich mit Männern einließ. Bis zu meinem letzten Schuljahr, also 1946, waren wir zusammen gewesen, aber als Rosemarie in der letzten Klasse war, da hatte ich die Schule ja schon längst verlassen und eine Lehre in der Nähschule angefangen. Unsere Wege trennten sich. Und dann kam sie ja weg.«*

Adolf Bous: *»Wie ich sie noch mal mit einem Franzosen gesehen habe, da war noch ein anderes Mädchen dabei. Das blieb natürlich nicht geheim und dann wurde das Mädchen sofort von ihren Eltern in ›Schutzhaft‹ genommen und bei Rosemarie ist es weitergegangen. Aus dem Mädchen ist was geworden und die Rosemarie, tja. In normalen Zeiten wäre das ja auch vielleicht nicht passiert. Aber durch den Krieg!«*

Irmgard: *»Sie war ja auch einmal schwanger, aber da war sie noch viel zu jung. Dann war das in Mendig mit der Abtreibung. Da wusste die Frau Elsen aber nicht, was das war. Sie sagte: ›Ich weiß nit, us Rosemie‹, so hat sie immer gesagt, ›hat so schwer ihre Periode!‹ Rosemarie hätte damals hops gehen können, so schlimm war das. Da haben sie ihr das abgetrieben!«*

Französische Soldaten »Vive la Quille«

Rosemarie treibt sich nun nächtelang herum. Sie huscht die Alte Kirchhofstraße hinunter zum Flughafen. In der Schule ist sie nur noch selten und wenn, dann ist sie so durcheinander und müde, dass sie dem Unterricht von Frau Schmidt nicht folgen kann.

Zeitzeuge[41]: *»Ich habe damals auf dem Flughafen als Zimmermann gearbeitet. Und wie ich früh morgens dort hinfahre, da sehe ich, wie die Franzosen die Rosemarie gerade vor die Türe setzen.«*

Adolf Bous: *»Rosemarie hat auch Senge gekriegt von ihrem Pflegevater. Die hat sich aber nicht einsperren lassen, war nichts zu machen. Herr Elsen hat alle Türen verriegelt. Aber die ist nachts abgehauen, durchs Fenster ist sie gestiegen. Wenn die mal auf dem Geschmack war, dann war die nicht mehr zu halten. Sie hat dafür kein Geld bekommen.«*

Irmgard: *»Elsens waren nicht sehr streng mit ihr gewesen, aber Rosemarie ist ja auch immer abgehauen. Die hat ja gar nicht mehr auf die gehört. Die waren alle beide damals, als wir gekommen sind, schon zu alt. Die Frau Elsen hat mal zu mir gesagt: ›Irmel, hätt‹ ich dich doch bloß geholt. Immer der Ärger mit dem Rosemi!‹, so hat sie gesagt. Meine Schwester war ganz anders gewesen als ich. Nicht so ruhig. Sehr lebhaft. Ein Luder war das! Aber bei mir nicht. Wir haben uns sehr gut verstanden. Sie hat einmal zu mir gesagt: ›Ach, ich dät dich ja gerne mitholen zum Flugplatz, aber ich kann dich da nicht brauchen!‹ Und dann lachte sie immer so und warf so den Kopf in den Nacken. Ernst gemeint hat sie das nicht.«*

Fürsorgeerziehung – Anstaltszucht

Von dem Zeitpunkt, an dem Rosemarie das erste Mal ›auffällig‹ wurde bis zu dem Moment, an dem jemand offiziell wegen der ›sittlichen Fehltritte‹ der mittlerweile 14-Jährigen einschritt,

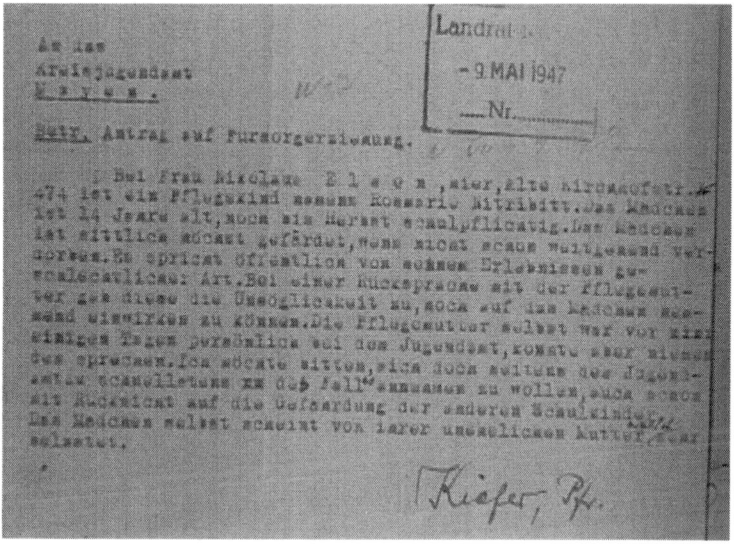

Landrat
- 9 MAI 1947
Nr.

An das
Kreisjugendamt
Mayen.

Betr. Antrag auf Fürsorgeerziehung.

Kiefer, Pfr.

Brief von Viktor Kiefer an das Kreisjugendamt Mayen

sollten 2 Jahre vergehen. Pfarrer Viktor Kiefer und die Lehrerin Frau Schmidt beobachten Rosemarie schon eine ganze Weile und beschließen im Mai, dass eine staatliche Erziehung für das Heimkind Rosemarie wohl das Richtige sei. Außerdem befürchten sie, dass Rosemarie einen negativen Einfluss auf ihre Mitschülerinnen ausüben könnte. Und so schreibt Pfarrer Viktor Kiefer am 6. Mai 1947 an das Kreisjugendamt und bittet um Fürsorgeerziehung für Rosemarie Nitribitt:

»Bei Frau Nikolaus Elsen, hier, Alte Kirchhofstraße 474 ist ein Pflegekind namens Rosemarie Nitribitt. Das Mädchen ist 14 Jahre alt, noch bis Herbst schulpflichtig. Das Mädchen ist sittlich höchst gefährdet, wenn nicht schon weitgehend verdorben. Es spricht öffentlich von seinen Erlebnissen geschlechtlicher Art. Bei einer Rücksprache mit der Pflegemutter gab diese die Unmöglichkeit zu, noch auf das Mädchen positiv einwirken zu können. Die Pflegemutter selbst war vor einigen Tagen persönlich beim Jugendamt, konnte aber niemanden sprechen. Ich möchte bitten, sich doch seitens des Jugendamtes schnellstens des Falles annehmen zu wollen, auch schon mit Rücksicht auf die Gefährdung der anderen Schulkinder. Das Mädchen scheint von ihrer unehelichen Mutter erblich sehr belastet.«

Das Kreisjugendamt Mayen kommt der Aufforderung nach und schickt drei Antragsvordrucke nach Niedermendig, in dem die Lebensverhältnisse Rosemaries geklärt werden sollen. Damit will das Amt überprüfen, ob für eine Fürsorgeerziehung stichhaltige Gründe vorliegen. Einen Fragebogen erhalten Nikolaus und Anna Maria Elsen, den zweiten Pfarrer Viktor Kiefer und den dritten Frau Schmitt. Das Ergebnis der Fragebögen wird zusammengefasst und ergeht am 7. August 1947 in einem einzigen Schreiben an das Vormundschaftsgericht Mayen. In dem Schreiben wird zunächst festgehalten, dass Rosemarie Nitribitt ein uneheliches Kind ist. In körperlicher Beziehung habe sie keine Krankheiten oder Verletzungen, würde weder Bettnässen, noch zu Krämpfen neigen oder Stottern. Aber sie sei frühreif. Sie habe einen großen Hang zu geschlechtlichen Ausschweifungen. Dann folgt die Begründung:

»Die R. N. ist in höchstem Maße sittlich gefährdet. Sie wohnt seit dem Jahre 1939 bei der Familie Nikolaus Elsen in Niedermendig. Ihre Führung, die bisher ohne Tadel war, änderte sich jäh mit dem Eintreffen der Besatzungstruppen. Als frühreifes Kind pflegte sie eifrigen Verkehr mit fragwürdigen Personen und kam dabei auch zu Bekanntschaften mit Angehörigen der französischen Besatzungstruppe. Sie gibt selbst zu, fast täglich den Geschlechtsverkehr auszuüben. Das bedeutet für ein 14-jähriges Mädchen viel. Die Ursache dieses außergewöhnlichen und verwerflichen Lebenswandels dürfte neben der schlechten Gesellschaft in der Hauptsache in der Veranlagung des Kindes zu sehen sein. Rosemarie N. ist eines von drei unehelichen Kindern. R. N. ist noch schulpflichtig, bringt dem Unterricht aber nur wenig Interesse entgegen und benimmt sich sehr zerstreut. Nach Angaben der Lehrerin verfügt sie auch über keine besonderen geistigen Fähigkeiten. Durch ihr sittenwidriges Verhalten hat sie nicht nur die Aufmerksamkeit der Erwachsenen sondern auch, hierfür dürfte m.M. in erster Linie der größte Gefahrenpunkt liegen (siehe Bericht des Herrn Pfarrer) das der Schulkinder erregt. Da eine Besserung im Verhalten der Jugendlichen kaum zu erwarten ist, sämtliche Ermahnungen der Pflegeeltern, Lehrpersonen und des Pfarrers schlägt sie nicht nur in den Wind, sie benimmt sich vielmehr äußerst herausfordernd und frech gegenüber ihren Pflegeeltern und droht denselben, trotzdem sie ihnen doch nur zu Dank verpflichtet ist, mit Maßnahmen durch die französischen Besatzungstruppen – wird die Anordnung der Fürsorgeerziehung für dringend erforderlich gehalten. Die Pflegeeltern sind aus den vorgenannten Gründen und weil sie bereits im vorgerückten Alter sind nach eigenen Angaben nicht mehr in der Lage, ihrer weiteren Aufsichtspflicht zu genügen. Reg.Rat.a.D.«

Am 21. August 1947 wird Rosemarie plötzlich in Frankfurt aufgegriffen. Sie hatte sich per Anhalter dorthin auf den Weg gemacht. Warum sie ausgerechnet in diese Großstadt fuhr und ob sie jemand dazu anstiftete, ist nicht bekannt. Üblicherweise fuhr man von Niedermendig aus eher nach Mayen, Koblenz, Andernach oder Düsseldorf. Rosemarie wird von der Frankfurter Polizei in einen Zug nach Niedermendig gesetzt und erhält die Auflage, sofort zu ihren Eltern zurückzukehren. Zeitgleich meldete die Polizei ›den Ausflug‹ der 14-Jährigen der Koblenzer Polizei und dem Kreisjugendamt Mayen.

Schon einen Tag später verfügt das Amtsgericht Mayen die vorläufige Fürsorgeerziehung von Rosemarie mit folgender Begründung: Sie sei »im weitgehenden Maße geistig und sittlich verwahrlost«, so dass »weder ihre Pflegeeltern noch ihr Amtsvormund im Stande sind, dieser Verwahrlosung Einhalt zu gebieten. Mit der späteren Anordnung der endgültigen Fürsorgeerziehung ist mit Bestimmtheit zu rechnen. Es besteht aber die dringende Gefahr, dass das Mädchen immer weiter abgleitet, wenn es nicht unverzüglich einer geregelten straffen Anstaltszucht unterworfen wird. gez. Amtsgerichtsdirektor Müller«

Wie aus dem Schreiben von Pfarrer Kiefer hervorgeht, nimmt dieser an, dass Rosemaries verwerfliches Tun eine ›erbliche Belastung‹ sei. Auch im Beschluss des Amtsgerichtes wird das unmoralische Leben der Mutter als eine der Ursachen ihrer ›Triebhaftigkeit‹ angesehen.

Amtsgericht Mayen, Akte NX II 194: »Trotz guter Behandlung seitens der Pflegeeltern hat die Jugendliche, ebenso wie ihre Mutter, deren Anschrift nicht bekannt ist, einen starken Hang zu geschlechtlichen Ausschweifungen gezeigt und lässt sich wahllos mit Männern ein.«

Eine andere Interpretation der Verhaltensauffälligkeit von Rosemarie, dass zum Beispiel ihre Vergewaltigung eine Ursache sein könnte, wird in keiner Akte erwähnt. Das entspricht vermutlich dem Erkenntnisstand der damaligen Zeit. Ob auch von Rosemarie eine schriftliche Stellungnahme gefordert worden ist oder das Vormundschaftsamt mit ihr persönlich gesprochen hat, ist nicht bekannt. In den Unterlagen des Kreisjugendamtes bzw. des Amtsgerichtes existiert jedenfalls nichts Schriftliches darüber.

Nikolaus und Anna Maria Elsen sind froh über die Entscheidung des Amtsgerichtes. Nicht nur, dass sie zu diesem Zeitpunkt nicht mehr wissen, wo sich Rosemarie aufhält, sie sind der 14-Jährigen auch hilflos ausgeliefert. Die gut gemeinten Ratschläge fruchten nichts und die Vorwürfe, die sie ihr machen, ändern nichts. Das ordentliche Leben, das ihnen für Rosemarie vorschwebt – die Volksschule beenden, eine Lehre machen, einen anständigen Mann heiraten und eine Familie gründen –, das scheint nicht Rosemaries Vorstellung vom Leben zu sein. Vielleicht will sie – materiell gesehen – schneller zu etwas kommen, als alle anderen und dazu bringt sie das einzige Kapital ein, das sie hat. Ohne Rücksicht auf die damals herrschenden Moralvorstellungen, ohne Rücksicht auf ihre Pflegeeltern oder die dörfliche Gemeinschaft.

Christine Vollmer: *»Also die Frau Elsen war zu ihr gut gewesen, sie mochte Rosemarie! Aber sie war eine herbe Frau, würde ich sagen, und sie konnte die Liebe zu ihr nicht so zeigen! So wie meine Mutter zu uns Kindern zum Beispiel. Vielleicht auch deswegen, weil Frau Elsen so sehr um ihren eigenen Sohn getrauert hat. Seinen Tod hat sie nie verwunden.«*

Ende August 1947 ist die Heimunterbringung für Rosemarie beschlossene Sache. Als sie davon erfährt, nimmt sie sofort Reißaus. Die Gesundheitsbehörde in Mayen, St. Veitstraße 29, fragt bei Elsens an, ob sie wüssten, wo Rosemarie sich aufhält. Elsens antworten auf einer Postkarte am 25. August: »Hierdurch die Mitteilung, dass Rosemarie sich nicht mehr bei uns befindet. Wo sie ist, kann ich Ihnen leider nicht mitteilen. Mit freundlichen Grüßen Frau Nikolaus Elsen.«

Rosemarie wird wenig später auf der Reise nach Frankfurt eingefangen und kommt in Niedermendig in Polizeigewahrsam, bis für sie ein Heimplatz gefunden ist. Eine erneute Unterbringung bei ihren Pflegeeltern will man wegen der Fluchtgefahr nicht wieder versuchen. Irmgards Pflegemutter, Elise Klein, hört davon und eilt zur Ortspolizeibehörde. Ihr tut das Kind leid, und so verhandelt sie hartnäckig mit Amtsbürgermeister Rommel, bis dieser ihr schließlich am 3. September 1947 eine schriftliche Erklärung abverlangt, damit sie Rosemarie mit nach Hause nehmen kann:

»Ich bitte, mir das Kind Rosemarie Nitribitt mit nach Hause zu geben, damit sie die Zeit, bis das Kreisjugendamt über ihren weiteren Aufenthalt verfügt hat, nicht in Polizeigewahrsam zubringen muss. Ich habe das Schwesterchen der Rosemarie in Pflege und beabsichtige, dieses Kind auf meinen Namen zu nehmen. Insofern fühle ich mich moralisch verpflichtet, hier einzuspringen. Ich bin darauf hingewiesen, dass ich die Rosemarie unter schärfster Bewachung zu halten habe, damit sie keinen neuen Fluchtversuch mehr unternehmen kann. Ich werde das

Kind nicht aus den Augen lassen und ihm bei Tag und bei Nacht die Kleider und Schuhe einschließen. Ich verpflichte mich, bei einer Entfernung des Kindes von über 3 Stunden der Polizei sofort Kenntnis zu geben. Insbesondere werde ich unter allen Umständen verhindern, dass sie mit Besatzungssoldaten zu tun hat. Bei dem geringsten Verstoß hiergegen werde ich sofort der Polizei Mitteilung davon machen. Evtl. Ansprüche wegen Unterbringen usw. stelle ich nicht. v.g.u. gez. Elise Klein. g.w.o. gez. Rommel«

Amtsbürgermeister Rommel lässt Elise Klein und Rosemarie ziehen. Aber er traut der ganzen Sache nicht so recht und ordnet vorbeugend die unauffällige Überwachung durch die Polizei an.

Elise Klein läuft mit Rosemarie in die Thürerstraße zum Bauernhof hinauf und nimmt Rosemarie unterwegs eindringlich das Versprechen ab, gehorsam zu sein und keinen Ärger zu machen. Rosemarie willigt ein. Irmgard freut sich, dass die Schwester bei ihr ist. Tag und Nacht, morgens zum Frühstück und abends zum Nachtessen. Kleins lassen allmählich Rosemaries Zügel lockerer, die Arbeit auf dem Hof muss schließlich auch getan werden und das Mädchen führt sich so gut, dass sie mit Adam Kleins Erlaubnis sogar Ausgang erhält. Aber er gibt der Vierzehnjährigen mit auf den Weg: »Du bist pünktlich wieder daheim und du gehst nicht zu den Franzosen!«

Irmgard: *»Und dann hat mein Pflegevater gesagt: ›Rosemi, dann und dann biste hier!‹ Dann kam sie und es war 23 Uhr durch. Aber sie sollte eigentlich früher zu Hause sein, meine Pflegeeltern hatten doch die Verantwortung. Meine Mutter hatte das damals ja unterschrieben! ›Wie? Schon 11 Uhr?‹ hat Rosemarie dann ganz erstaunt getan. Badautz hatte der Vater ihr eine geklatscht. ›Rosemarie, das geht nicht!‹ ›Ja, ich wollte ja auch schon früher daheim sein!‹ hat sie dann gesagt. ›Und wo hast du dich rumgetrieben?‹ Da hat sie dann nichts drauf geantwortet, aber sie war halt wieder auf dem Flugplatz gewe-*

sen. Ich weiß ja auch nicht, das war halt so drin in ihr, da konnte man nichts machen.«

Nach drei Wochen bei den Kleins auf dem Rulandshof verschwindet Rosemarie. Für ihre Schulkameraden und Schulkameradinnen, für ihre Freundin Christine und für alle Nachbarn ist sie einfach weg.

Irmgard: *»Ich wusste wohl, dass sie in ein Heim kommt, aber wohin, das sagte man mir nicht. Das sei zu weit weg, um sie dort zu besuchen. Ich war sehr traurig, sie war ja meine Schwester!«*

Christine Vollmer: *»Ich habe sie dann nicht mehr gesehen und erst viel später erfahren, dass sie in ein Heim kam.«*

Margareta Becker: *»Auf einmal hat man nichts mehr von ihr gehört! Sie war einfach nicht mehr da und dann haben wir uns auch weiter keine Gedanken gemacht!«*

Rosemarie wird am 22. September 1947 im Kinderheim Raphaelshaus in Dormagen untergebracht. Die kleine gelbe Meldekarte mit ihrem Namen und den Daten der Ankunft und Abreise befindet sich heute noch im Karteischrank des Kinderheimes. Das Raphaelshaus existiert seit 1902. Franziskanerbrüder bauten das neugotische Gebäude an der heutigen Bundesstraße 9 zwischen Köln und Neuss und begannen ›die schwere Erziehungsarbeit an der gefährdeten und verwahrlosten Jugend‹, es handelte sich dabei hauptsächlich um schulentlassene Jungen. 1927 suchten die Franziskaner in der Mark Brandenburg einen neuen Wirkungskreis und der Katholische Erziehungsverein für die Rheinprovinz e.V. übernahm das Gebäude, um daraus ein Erziehungsheim für Jungen und Mädchen jeden Alters zu machen. Mädchen und Jungen gemeinsam auf einem Heimatgelände zu betreuen, das war recht ungewöhnlich und mutig für die damalige Zeit. Außerdem wurde hier eine Stelle eingerichtet, die Kinder und Jugendliche in Familien vermittelt. Diese Art der Arbeit ist in den Erziehungsstellen nach einem halben Jahrhundert wiedergekehrt. Nach dem Ersten und Zweiten Weltkrieg mussten die Schwestern zeitweise über 500 Kinder und Jugendliche betreuen.

Eine Ordensschwester des Raphaelshauses führte bis in die 50er Jahre hinein Tagebuch. Sie schreibt, dass der August und der September 1947 sehr heiß gewesen waren, so heiß, dass Tiere, Menschen und Pflanzen nach Wasser lechzten. ›Das Vieh hatte auf den Weiden nichts mehr zu fressen, so dass die Bauern bereits das Winterfutter füttern mussten. Das Vieh musste abgeschlachtet werden, weil kein Futter da ist. Die Hitze war unheimlich. Es sollen 50 Grad Celsius gewesen sein. Bei dem trockenen Wetter haben wir natürlich die Ernte schnell hereinbekommen. In diesem Jahr musste alles nach dem Mähen sofort eingefahren werden, weil sonst die Frucht von den Feldern gestohlen wurde. Die Hitze war oft so schlimm, dass immer wieder Hühner tot auf ihren Nestern lagen. So sind uns in einer Hitzeperiode elf Hühner eingegangen. (...) Die Tropenhitze hat etwas nachgelassen. Am Himmel hängen Wolken. Ab und zu kommen einige Tropfen herunter, als wenn es regnen wollte, doch viel gibt es nicht. Im Rheinischen Merkur heißt es, dass seit nahezu 200 Jahren eine derartige Hitze in Deutschland noch nicht festgestellt werden konnte. (...). In diesem Sommer zeigte unser Thermometer oft über 40 Grad Celsius und darüber. Durch die Hitze kochten die Beeren an den Sträuchern und das Obst und die Obstbäume selbst wurden welk.‹ Gegen die schlechte Lebensmittelzuteilung wurde in der Bevölkerung immer wieder lauthals protestiert. Auch über das Raphaelshaus schimpften die Dormagener kräftig, ›weil die noch alles hätten und das würden alles die Nonnen essen. Man solle sich die fetten Nonnen nur ansehen.‹ In der Neun-Uhr-Messe hielt Pater

Obergarz am 13. Juli eine volkstümliche Predigt, in der er zu den Protestkundgebungen öffentlich Stellung nahm: »Wenn in Dormagen und Zons, in der Rheinprovinz und in Deutschland so viel geholfen würde wie im Raphaelshaus, dann würde es vor allem auch um die Flüchtlinge anders aussehen als jetzt. (...) Ja, seht sie Euch nur an, die fetten Nonnen«, meinte Pater Obergarz. Was notwendig sei, müsse gesagt werden und dies müsse auch vom Altar aus gesagt werden.[42] Die Predigt wirkte erheiternd, besonders auch auf die Schwestern vom Guten Hirten, von denen eine Reihe extrem »dünn und schmal« waren.

Älteres Schulgebäude von 1949 für 8 Klassen mit Spielwiese

Das Raphaelshaus ist zu bestimmten Zeiten auch zweckentfremdet worden. Hier kehrten Wallfahrer auf dem Weg nach Kevelaer zur Rast ein und während des Krieges wurden Schwerstverwundete von den Ordensschwestern versorgt. Nach dem Krieg erhielten Ausgebombte, Flüchtlinge und Evakuierte vorübergehend Aufnahme und Betreuung.

Das Kinderheim existiert auch heute noch. Missionsschwestern vom Heiligsten Herzen Jesu (Hiltruper Missionsschwestern) übernahmen 1927 gleichzeitig den Geschäftsbetrieb und die pädagogische Arbeit. Von 1987 bis 2017 wurde die Einrichtung dann durch den Sozialpädagogen Hans Scholten als Direktor geleitet. Seit Januar 2018 ist Sozialpädagoge Marco Gillrath der Leiter des Raphaelshauses. Die Einrichtung hat sich zu einem modernen Jugendhilfezentrum entwickelt, das Kindern, Jugendlichen und deren Familien in verschiedensten Formen der stationären und teilstationären Jugendhilfe betreut. Sie gleicht einem kleinen Dorf, in dessen parkähnlichem Gelände mit altem Baumbestand die Gruppenhäuser verstreut liegen. Die pädagogischen Konzepte und Angebote sind vielfältig und auf der Webseite des Raphaelshauses nachzulesen.

Für Rosemarie wird das Raphaelshaus jedoch nur eine Durchgangsstation. Gerade mal 4 Tage bleibt sie hier unter Aufsicht, um dann ihrem endgültigen Bestimmungsort zugeführt zu werden: Hagen-Haspe in Westfalen. Dort kommt sie am 26.

Postkarte Raphaelshaus 1997

Kinderheim Hagen-Haspe früher

September 1947 im Marienheim an. Das Haus wurde bis 1955 von den Schwestern ›Der armen Dienstmägde Jesu Christi‹ geleitet und dann aufgelöst.

Aus einem Gebäudeteil des Kinderheimes wurde ein Krankenhaus, der andere wurde zu Mietwohnungen umgebaut. Einige der Schwestern arbeiteten im Anschluss im Krankenhaus in der Seelsorge und als Krankenschwestern, die anderen kehrten zu ihrem Mutterhaus in Dernbach bei Montabaur im Westerwald zurück oder wurden anderweitig eingesetzt. Gegründet worden ist der Orden im Jahr 1845 von Maria Katharina Kasper aus Dernbach, die 2018 heiliggesprochen wurde. 1938 gehörten der Gemeinschaft noch 4.500 Schwestern international an, die alle karitativ arbeiteten. Sie sind in Krankenhäusern, Gemeinden, Alten-, Behinderten- und Kinderheimen, Kindergärten, katholischen Schulen und Internaten tätig. Heute gibt es in Deutschland noch ca. 240 Schwestern. Die Gemeinschaft ist zudem in den Niederlanden, den USA, Großbritannien, Indien, Mexiko, Brasilien, Kenia und Nigeria tätig.

Schwester Ethelberga (links, †1997) und Schwester Paulina (rechts, † ?)

Schwester Paulina arbeitete seit 1940 im Kinderheim Hagen-Haspe. Sie war für unzählige junge Mädchen verantwortlich, so dass sie sich an die Einzelgespräche mit Rosemarie Nitribitt nicht mehr im Detail erinnern kann. Sie weiß, dass Rosemarie in den zweieinhalb Jahren, die das Mädchen im Marienheim verbrachte, wenig von zu Hause erzählt hat und auch sonst nicht sehr mitteilsam war. Schwester Paulina und Schwester Ethelberga hatten Rosemarie aber deshalb noch so gut in Erinnerung, weil der Name Nitribitt so ungewöhnlich ist und weil ihre Ermordung 1957 und die damit verbundenen Schlagzeilen die Erinnerungen wachgehalten haben. Schwester Paulina hatte auch die einzigen existierenden Jugendfotografien von Rosemarie besessen. Sie kamen der Schwester aber bei einer großen Aufräum-Aktion abhanden.

Schwester Paulina: *»Die Mädchen, die ich betreut habe, waren alles Mädchen von der Volksschule, Oberstufe, 7. und 8. Schuljahr, sie waren alle subjektiv und objektiv verwahrlost und meine Aufgabe war eben, Tag und Nacht bei den Mädels zu sein. Ich habe auch oben bei denen im Schlafsaal mit 30 Bet-*

Bettensaal

ten geschlafen. In einer Zelle, mit weißen Vorhängen drum herum, die Kinder hatten alle weiße Holzbetten. Die Mädchen mussten auch ein bisschen mithelfen, morgens waren sie in der Schule, mittags haben sie ihre Aufgaben gemacht, sie haben auch mit in der Gemüseküche geholfen, Kartoffel schälen, Gemüse putzen, im Waschhaus geholfen, nachmittags sind wir auch spazieren gegangen, haben Brennnessel gesucht und davon Spinat kochen lassen. Oder wir haben Beeren gesammelt und davon Marmelade oder Kompott hergestellt.«

Zwei Schwestern für 30 Mädchen. Jedes hatte seine ganz eigene Geschichte. Aber keines hat hier eine Privat- oder Intimsphäre – nie konnten sie mal für sich sein, wenn ihnen danach war. Als ›subjektiv und objektiv verwahrlost‹ bezeichnete Schwester Paulina alle Mädchen, die einschlägige sexuelle Erfahrungen besaßen. Die meisten ihrer Schützlinge waren missbraucht worden, andere waren ›Treibgut der Zeit‹: herumlungernde Mädchen, die durch Krieg und Nachkriegswirren ›vom rechten Weg‹ abgekommen waren und sich professionell verkauften – sei es aus purer Not, um zu überleben, oder weil sie in den Genuss des schnellen Geldverdienens gekommen waren. Die Fürsorgestellen beschäftigten sich Ende der 1940er Jahre besonders mit dieser Zeiterscheinung ›verwahrloste Jugend‹. Die ›entwurzelten Halbwüchsigen‹, meist im Alter von 14–18 Jahren, waren in allen Zonen zu Hause und trieben sich meist in der Nähe von Bahnhöfen, in einschlägigen Lokalen oder dunklen Nebenstraßen der Großstädte herum.

Sie gehörten zum Bild der Nachkriegszeit wie der Schwarzmarkt und die Flüchtlinge. Die allmählich in die Normalität des Lebens zurückfindende Gesellschaft wurde mit einer Situation konfrontiert, wie sie ähnlich auch nach dem 1. Weltkrieg zu beobachten war. Der Ausfall vieler Väter, Lehrer, Lehrmeister oder die meist konfliktbeladene Situation mit spätheimkehrenden Vätern, die Überlastung der Mütter oder Truppenzusammenziehungen führten zu einer Steigerung der Jugendgefährdung.

Die ›Hoffnungsträger der Zukunft‹ ließen wenig hoffen. Aus der Bahn geworfen, schlugen sie sich irgendwie durch und stellten die Polizei, aber vor allem die Jugendämter, vor eine schier unlösbare Aufgabe. Über kurz oder lang kamen viele Jugendliche mit dem Gesetz in Konflikt, Prostitution war ebenso strafbar wie bloßes Herumtreiben. Sie wurden von der Polizei aufgegriffen, verhaftet und von Jugendgerichten abgeurteilt. Je nach Schwere und Art des Deliktes saßen sie dann ihre Strafe entweder im Jugendgefängnis ab oder man brachte sie in Fürsorgeheimen unter. Dort mussten sie solange bleiben, bis das Ziel der Fürsorgeerziehung nach Einschätzung durch Erzieher und Jugendamt erreicht war: ›die Besserung und die Abkehr vom verfehlten Dasein‹. Arbeit war das Heilmittel, mit dem man den Jugendlichen wieder Orientierung geben wollte. Theoretische Schulausbildung vormittags, praktische Berufsausbildung nachmittags.

Als Rosemarie Ende September 1947 in das Marienheim gebracht wurde, änderte sich ihr Verhalten schlagartig. Wurde ihr Benehmen gegenüber ihren Pflegeeltern noch als frech und herausfordernd beschrieben, so nimmt sie nun »Zuflucht zur Verstellung, insbesondere zum Kranksein«, um ihrer ungezügelten Triebhaftigkeit zu frönen.«[43]

Das Marienheim stand natürlich in ständigem Schriftwechsel mit dem Kreisjugendamt.

An diese Anfangsschwierigkeiten konnte sich Schwester Paulina nicht mehr erinnern. Ihrer ›ungezügelten Triebhaftigkeit‹ frönte Rosemarie wohl, als sie am 11.5.1948 einen ›abenteuerlichen Streifzug‹ mit einer Heiminsassin nach Bonn und Süddeutschland unternahm. Die Polizei fing die beiden Ausreißerinnen aber wieder ein und brachte sie zurück ins Marienheim. Ob sich solche Abenteuer wiederholten, geht weder aus den Akten, noch aus dem Interview mit Schwester Paulina und Schwester Ethelberga hervor.

Schwester Paulina: *»Sie war an für sich in einer guten Verfassung als sie zu uns kam und soweit ich mich erinnern kann, war sie später auch recht froh, sehr gelöst. Sie war ein schönes Mädchen, ein großes Mädchen mit blonden Zöpfen und blauen Augen, sehr attraktiv. Man musste sie direkt gern haben. Bei mir war sie in der Gruppe von der 2. Hälfte vom 7. Schuljahr und das 8. Schuljahr und dann kam sie in die Haushaltungsklasse. Ich selber war Gruppenschwester. Und in der Haushaltungsklasse habe ich Säuglingspflege und Naturwissenschaften gegeben. Ansonsten war ich eigentlich keine Lehrerin, ich war Erzieherin.«*

Rosemarie hat sich gewehrt: gegen die strenge, religiöse Erziehung, gegen das, was man aus ihr machen wollte. Der Rahmen, was ein Mädchen tun und lassen sollte, was sich schickte, war damals sehr eng gesteckt. Und so verweigerte sie sich und anfangs auch jede Arbeit, die man ihr auftrug.

In der Akte des Amtsgerichtes Mayen vom 11. Mai 1948 vermerkt Amtsgerichtsrat Mörsdorf weiter:

»(...) Ihr Arbeitseifer in der Erziehungsanstalt ist recht gering, sie sucht sich ihrem normalen Pflichtenkreis zu entziehen. Zutreffend wird sie vom Marienheim als willensschwaches, haltloses Mädchen bezeichnet, das unbedingt zur Festigung ihres Charakters insbesondere zur Beseitigung der bereits eingetretenen Verwahrlosung der Betreuung durch die öffentlichen Erziehungsheime bedarf, zumal die bis zur Einweisung in die Fürsorgeerziehung getroffenen erzieherischen Maßnahmen ergebnislos geblieben waren. Die endgültige Fürsorgeerziehung war daher anzuordnen.«

Rosemarie hat sich nach anfänglichem Sträuben wohl doch noch in das Heimleben eingefügt und lernte schließlich, was eine Hausfrau in der damaligen Zeit können musste.

Schwester Paulina: *»Ich weiß nur, dass sie später an allem sehr interessiert war, dass sie schulisch gut war, sie war zum Beispiel in der Haushaltungsklasse in der Nähschule, da hat sie sauber und auch froh gearbeitet. Der Umgang mit ihr war unkompliziert. Ich hatte den Eindruck, sie hatte hier bei uns Halt, sie hat sich bei uns wohlgefühlt. Aber man musste manchmal vorsichtig sein bei ihr, weil man nicht wusste, was in ihr vorging. Sie konnte alles sehr geschickt umgehen, was sie nicht sagen wollte.«*

Bügeln und Mangeln

Rosemarie war für ein Vierteljahr bei Schwester Ethelberga in der Nähschule. In einer Gruppe von 20 Mädchen lernte sie Kleider nähen, Wäsche stopfen, Hosen und Jacken umändern – eben alles, was im Heim gerade so anfiel. Für mehr als einhundert Kinder musste hier genäht werden.

Schwester Ethelberga: *»Wer viel konnte und viel nähte, der lernte viel und die Nitribitt, die war geschickt, die hat auch viel gelernt! Aber es musste auch immer was Gutes sein. Man konnte ihr nicht irgendetwas in die Hand drücken und sagen:*

Nähschule

›Mach das jetzt!‹, sondern das musste von ihr aus ein bisschen wertvoll sein. Die Kleider, die ihr nicht gefielen, die passten ihr nicht. Da konnte man machen, was man wollte, reden was man wollte, die Kleider passten einfach nicht. Wie sie das machte, das war uns ein Rätsel! Wir haben sie schon durchschaut, aber was wollen sie machen, wenn sie so 20 junge Leute um sich herum haben.«

Den Schwestern fiel auf, dass Rosemarie sich sehr pflegte und schöne Kleider liebte. Sie wollte auch immer besser gekleidet sein als die anderen Mädchen. Dieses sich pflegen‹, ›schön sein‹, ›gut kleiden‹ war Rosemarie schon in Niedermendig als Sechsjährige eigen und es wird sich bis zu ihrem Tod nicht ändern. In ihrem Frankfurter Appartement 1956/1957 hingen überall Spiegel, in denen sie sich oft und lange betrachtend hin- und her drehte. Hinzu kommen ihre ausgiebigen ›Badesitzungen‹. Psychologen erklären dies mit dem ›Symptom der eigenen Zuwendung‹. Rosemarie hatte in ihrer Kindheit zu wenig Zuneigung und Streicheleinheiten erhalten und diese Zuneigung, ohne die jeder Mensch seelisch verkümmert, musste sie sich selbst geben.

Schwester Paulina: *»Sie war ein ruhiges Mädchen, aber kein lahmes Mädchen. Sie hatte zu den anderen Kindern keine engen Kontakte gehabt. Eher zu ihren Erzieherinnen. Sie wollte immer einen guten Eindruck machen, wollte gefallen.«*

Schwester Ethelberga: *»Ehrlich gesagt, sie tat mir immer ein bisschen leid. Ihr Schicksal war ja schon schwer. Ich kann mich noch an eine spätere Begebenheit erinnern, da saßen wir alle so beisammen und erzählten. Und plötzlich riss sie ihr Wäscheschildchen vom Kleid, stopfte es in den Mund und schluckte es runter. Ich fragte sie ganz aufgeregt: ›Warum hast du das denn gemacht?‹ Und da hat sie nur gelacht und gesagt: ›Weil ich Sie so gern habe!‹ Da hat sie doch tatsächlich dieses trockene Stückchen Stoff aus Zuneigung zu mir runtergeschluckt. Ich war ganz sprachlos.«*

Komplettes Abschlußfoto 8. Klasse Niedermendig

Daheim in Niedermendig beendeten ihre Schulkamerad*innen die 8. Klasse der Volksschule und stellten sich zum Abschlussfoto auf. Stolz präsentierten Frau Schmidt und Lehrer Knischel die Absolvent*innen. Es sind 32 Kinder, nur Rosemarie fehlt. Und während ein paar Klassenkameradinnen ihren Abschluss im Lokal ›Auf der Hanse‹ mit Limonade begießen, arbeitet Rosemarie im Marienheim in der Waschküche.

Waschküche

Schwester Ethelberga: *»Sie war ja in der Gruppe und sie hat sich auch in der Gruppe, na, durchgesetzt kann man nicht sagen, sie fiel einfach weiter nicht auf. Sie machte ihre Arbeit.«*

Heimweh

Rosemarie litt zunehmend unter Heimweh. Sie sehnte sich nach Niedermendig, nach ihrer Schwester, nach ihrer Pflegemutter. Sie muss mit Schwester Paulina darüber geredet haben – so oft in diesen zwei Jahren, die sie nun schon im Marienheim war, dass Schwester Paulina die Oberin verständigte. Und Oberin

Georginna hörte schließlich am 15. Oktober 1949 beim Kreisjugendamt nach, ob etwas gegen einen Besuch oder gar einer Rückkehr Rosemaries zu Elsens einzuwenden wäre.

»Rosemarie steht noch immer mit der früheren Pflegemutter in Verbindung. Sie hängt sehr an Frau Elsen, und es ist ihr sehnlichster Wunsch, wieder in die Pflegestelle zurück zu dürfen. Rosemarie bittet wenigstens um einen Urlaub zu ihnen. Dürfen wir um die dortige Stellungnahme hierzu bitten? Kommt für Rosemarie noch einmal eine Rückkehr zu Familie Elsen in Frage? Von hier aus möchten wir einen Versuch befürworten, da die Jugendliche bei Familie Elsen großgezogen wurde und noch sehr an ihr hängt. Die Oberin: Schw. M. Georginna«

Das Kreisjugendamt fragte bei Elsens an, ob sie sich zutrauten, Rosemarie wieder bei sich wohnen zu lassen und zu beaufsichtigen. Nach einiger Bedenkzeit der Pflegeeltern übermittelte das Kreisjugendamt Mayen dem Marienheim im November, dass Elsens ihre Pflegetochter gerne wieder in ihren Haushalt aufnehmen würden, wenn diese »gewillt sei, einen ordentlichen und arbeitsamen Lebenswandel zu führen« und wenn sie »folgsam und fleißig sei.«. Das Kreisjugendamt bemerkt dazu: »Es wird gut sein, während des Urlaubs die Aussprache zwischen den Pflegeeltern und Rosemarie abzuwarten.«

Die letzten Tage des Jahres 1949 gingen zu Ende, ohne dass sich für Rosemarie etwas änderte. Sie verbrachte das dritte Weihnachtsfest in Hagen-Haspe. Ob sie von der Hochzeit ihrer Mutter in Düsseldorf etwas erfahren hatte, ist nicht bekannt. Jedenfalls heiratete Maria Nitribitt am 30. Dezember 1949 in erster Ehe den 12 Jahre jüngeren Maurer Herbert Hoffmann. Es geht nirgends aus den Akten hervor, dass das Paar sich darum bemüht hat, die drei Kinder Maria Nitribitts zu sich zu nehmen. Irmgard sagte im Interview, sie habe nach der Ermordung Rosemaries mit der Mutter Kontakt aufgenommen. Die Mutter habe sich nie für ihre Töchter interessiert und sie habe sich auch nicht gefreut, als Irmgard sie aufsuchte.

Ende Januar 1950 fragte Oberin Schwester Georginna beim Kreisjugendamt Mayen an, »ob Rosemarie aus der Fürsorgeentziehung entlassen werden könne, wenn für sie eine geeignete Stellung gefunden würde.« Das Kreisjugendamt wollte den Versuch wagen und begab sich mit Hilfe des Arbeitsamtes auf Stellensuche. Sie wollten Rosemarie in ein sorgfältig vorbereitetes eigenständiges Leben entlassen.

Rosemaries Mutter

Maria Oster, geb. Heck, schrieb am 13. März 1950 an das Arbeitsamt für weibliche Stellenvermittlung in Mayen: »Rosemarie ist Fürsorgezögling und kann nach Mitteilung des Erziehungsheimes Hagen-Haspe vom 30.1.1950 aus der Heimerziehung entlassen werden, wenn für sie eine gute Haushaltsstelle gefunden ist. Für eine landwirtschaftliche Tätigkeit soll Rosemarie nicht geeignet sein. Sie ist wohl in allen vorkommenden Hausarbeiten gut angelernt. Unter Anleitung könne sie auch gut nähen und flicken. Ich bitte das Mädel möglichst hier in Mayen oder in nächste Umgebung in eine gute Stelle zu vermitteln.«

Elsens wollten auch mithelfen, dass Rosemarie wieder Fuß fasst und teilten der neuen Kreisfürsorgerin, Maria Oster, die die für Rosemarie zuständige Frau Reiche abgelöst hatte, in einem Brief vom 21. März mit, »dass Rosemarie solange zu uns kann, bis sie eine gute Stelle bekommt. Und ich wäre Ihnen dankbar, wenn sie ihr eine gute Haushaltsstelle besorgen könnten. Sie kann ruhig, wenn sie auf einer Stelle ist und hat einmal Ferien, immer zu uns kommen. Hochachtungsvoll Frau Nikolaus Elsen.«

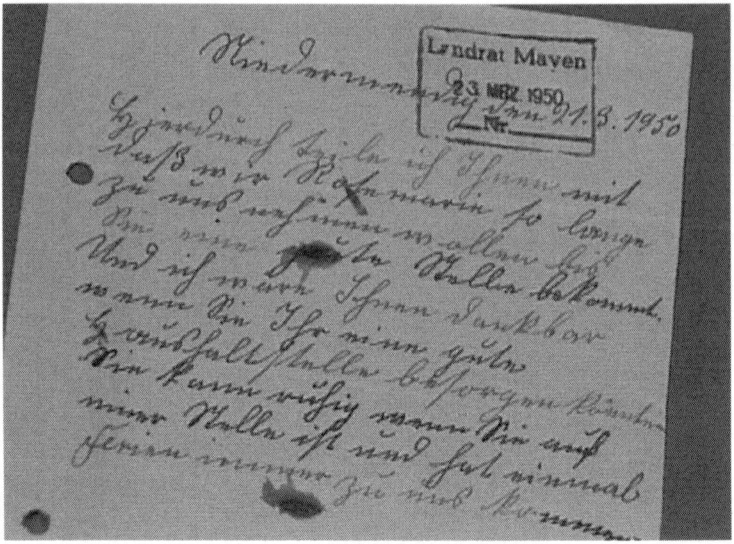

Brief Frau Nikolaus Elsen an das Kreisjugendamt Mayen

Erster Schritt ins bürgerliche Leben

Als Rosemarie Ende März 1950 widerruflich aus dem Marienheim entlassen wird und mit dem Zug nach Niedermendig fährt, hat sich dort viel verändert. Fünf Jahre nach dem Ende des Krieges entsteht aus dem Provisorium allmählich wieder ein festes soziales Gefüge. Der Alltag wird wieder erschwinglich. War in den Läden vor 1948 noch so gut wie nichts zu kaufen gewesen, sind jetzt die Schaufenster gefüllt. Niemand hat mehr Lebensmittelkarten, sondern Geld in der Tasche, sogenanntes Kopfgeld, das er in zwei Raten ausgezahlt bekommt. Und es sind keine 60 Reichsmark, sondern 60 Deutsche Mark, mit denen sich so mancher einen Traum erfüllt: ein Stück Schinken, eine Flasche Wein, ein paar Schuhe, eine Tasche. Die Jahre des Hungerns und der Entbehrungen sind vorbei. Es gibt auch Illustrierte und verschiedene Zeitungen zu lesen. Viele Evakuierte haben Niedermendig verlassen, dafür bereitet die Unterbringung von

Heimatvertriebenen aus den deutschen Ostgebieten zunächst Sorgen. Neue Häuser werden gebaut und neue Straßen entstehen, zum Beispiel die Schillerstraße. Die Flüchtlings- und Besatzungsverdrängtensiedlungen in der Thürerstraße und im Wiesenweg, mit deren Bau man vor ihrer Unterbringung ins Marienheim schon begonnen hatte, sind fertig gestellt. Die Menschen haben wieder Arbeit, die Baubranche boomt und braucht jeden Mann. Alle sind am Anfang.

Rhein-Zeitung. Unabhängige Westdeutsche Landeszeitung.

Mayen-Andernacher Kreiszeitung

Am 6. April 1950 wurde in Andernach eine Modenschau im Probsteihofsaal vom Kaufhaus Weickert inszeniert, die Bewunderung und Anerkennung bei den Zuschauern hervorrief. »Die Dame vom Morgen bis Mitternacht« lautete das Motto, das der beliebte Ansager Waldeck zu Beginn bekanntgab. Zugleich bemerkte er in einem Bonmot, die Frauen seien wie Blumen. Nur wer Draht habe, könne sie binden. Und schon ging es in den pastellfarbigen Modefrühling hinein, wobei man staunen musste, wie das Tanzorchester des Westdeutschen Rundfunks – eigens zu dem Nachmittag und Abend verpflichtet – zu jedem vorgeführten Modell eine entsprechende Melodie aus dem Stegreif auswendig zu spielen wusste. Und nun die Schau! Mit Morgenröcken fing sie an. Schon schwebte Mariandl heran. Auf Dirndlkleider folgten Sportkostüme, hauptsächlich in dem jetzt beliebten blau und weiß, dann strenge und weniger strenge Schneiderkostüme, (..) Flauschmäntel für die Reise wechselten mit Tee- und Frühjahrskleidern, z.T. Wiener Modellen, in buntem Wechsel ab. (..)Abschließend stellte man fest: die Kleider sind duftiger und billiger, die Hüte breitrandiger geworden. Hoffentlich jetzt auch die Männerherzen in der Osterzeit freigebiger.«

Für die 17-jährige Rosemarie beginnt ein neues Leben. Sie tritt ihre erste Stelle als eines von drei Hausmädchen bei der vierköpfigen Familie Wenke in Andernach an. Wenkes wohnen in einem schönen alten Haus in der Nähe des Bahnhofes. Oben wohnt großzügig die Familie und unten führen sie eine Konditorei mit einem gut besuchten Café.

Café Wenke 1938

Heinz Adams ist Konditormeister und Besitzer von Adams Café Marienhof in Bad Neuenahr-Ahrweiler. Er hat von 1950 bis 1954 bei Willi Wenke sen. gelernt und gearbeitet.

Heinz Adams: *»Das Café Wenke war ein sehr gutes Haus! Die erste Adresse in Andernach! Da ging man hin. Und wenn man sich um eine Stelle bewarb und hatte bei Wenke gelernt, das war schon was. Ich war 17 Jahre alt damals und in Willi Wenke sen. hatte ich einen wunderbaren Lehrmeister. Wir waren 7 Konditoren und Lehrlinge in der Backstube und obwohl so viel zu tun war, war er nie unfreundlich, schroff oder ungeduldig mit uns Lehrlingen. Er beherrschte sein Handwerk, brachte uns alles bei, aber ohne viel Aufhebens darum. Und das weiß ich noch gut: Willi Wenke sen. war ein starker Raucher. Und wenn er sehr zufrieden war, dann steckte er sich eine Zi-*

garette an. Die ließ er dann, ohne sie auch nur ein einziges Mal mit den Händen zu berühren oder das Asche hinunterfiel, von einem Mundwinkel zum anderen wandern! Wir hatten besonders zu Ostern und zu Weihnachten immer viel zu tun. Die Leute waren ausgehungert nach Süßem nach dem Krieg. Im Konditorei-Café war immer Hochbetrieb. Anfangs mussten wir noch mit Milchpulver oder Volleipulver backen, aber dann gab es ja Gott sei Dank wieder alles zu kaufen.«

Anzeige Café Wenke »Frohe Ostern« / Rhein-Zeitung 7.4.1950

Heinz Adams hat auch Rosemarie Nitribitt kennengelernt und erinnert sich noch, dass sie eine »schnippische Art gegenüber uns Lehrjungen hatte. Sie war nicht unfreundlich, jedoch hat sie uns irgendwie nicht ernst genommen. Ob sie sich mit Männern einließ und ihr Gewerbe da schon weiterführte, kann ich nicht sagen. Wir haben jedenfalls nichts bemerkt.«

Die Tochter der Familie Wenke war damals, als Rosemarie bei ihnen gearbeitet hat, 20 Jahre alt. Sie erinnert sich an Rosemarie nur mit Verbitterung und erzählte, dass Rosemarie ihre Eltern damals »in Verruf gebracht hätte und ihre Beschäftigung keine gute Werbung für das sehr angesehene Café gewesen sei.

Genauer ausführen wollte oder konnte sie diese Aussage nicht. Sie sagte auch, dass Rosemarie »einen ausgesprochenen dümmlichen Eindruck« auf sie gemacht habe und stets »mit offenem Munde herumgelaufen« sei. Rosemarie habe das Übliche im Haushalt gearbeitet, aber bedient habe sie nie. Sie habe aber auch mal, wenn sehr viel Betrieb war, in der Küche des Cafés aushelfen müssen. »Aber ich will nicht mehr an diese Zeit erinnert werden, es ist Gott sei Dank vorbei!«

Das herrschaftliche Haus steht heute noch unverändert in der Bahnhofstraße, Willi Wenke sen. hatte es auch nach dem Zweiten Weltkrieg nicht kaufen wollen. Sein Sohn, Willi Wenke jun. erinnert sich, wie sein Vater immer sagte: »Wenn nochmal ein Krieg ausbricht, wer weiß, was dann mit unserem Haus passiert, dann ist alles umsonst!« Nach dem Tod Willi Wenke sen. im Jahr 1963, führen Mutter und Sohn das Konditorei-Café noch sechs Jahre weiter. Aber die Arbeit im Café und im Haushalt übersteigt ihre Kräfte und sie entschließen sich dazu, das Café zu verkaufen. Das Haus hat neue Mieter, das Café neue Besitzer und eine neue Ausstattung bekommen. Die freundlichen, großen Schaufenster sind aber 1997 noch im Original erhalten.

Vier Monate scheint die Familie mit Rosemarie zufrieden gewesen zu sein, denn Anna Maria Elsen informiert das Kreisjugendamt Mayen regelmäßig über Rosemaries erfolgreiche Wiedereingliederung in ein anständiges Leben. Jugendamtsmitarbeiterin Scheuffele notiert am 1. August 1950 in die Fürsorgeakte:

»Rosemarie Nitribitt befindet sich seit dem 5. April 1950 nach Angaben der Pflegemutter, Frau Elsen, Niedermendig, bei der Familie Wenke, Café und Konditorei in Andernach. Rosemarie Nitribitt ist dort im Haushalt beschäftigt und hat so die Möglichkeit, noch recht viel hinzu zu lernen. Die Führung der Rosemarie N. hat bisher zu keinen Klagen Anlass gegeben. Sie zeigt sich arbeitswillig, und Familie Wenke ist mit ihren Leistungen zufrieden. Rosemarie N. steht in dauernder Verbindung mit ihren Pflegeeltern, die sie auch öfter in Niedermendig besucht. Frau Elsen sorgt dafür, dass Rosemarie sich von ihrem Lohn Kleider und Schuhe anschafft. Frau Elsen machte einen guten Eindruck. Sie ist glücklich, dass Rosemarie sich jetzt so gut führt. Rosemarie Nitribitt ist in Andernach polizeilich gemeldet. A. Scheuffele«

Als Rosemarie mal bei den Pflegeeltern vorbeischaut, begegnet ihr die Freundin aus Kindertagen. Sie bleiben in der Straße vor dem Haus von Elsens stehen und reden kurz miteinander. Und sie stellen fest, dass sie sich fremd geworden sind.

Christine Vollmer: *»Ich habe sie erst nach Hagen wiedergesehen, aber nur kurz. Und dann weiß ich noch, wie sie mir erzählte, dass sie in Andernach im Café Wenke arbeitet. Was wir sonst noch geredet haben, daran erinnere ich mich nicht mehr. Aber danach habe ich sie wieder lange nicht mehr gesehen und nichts mehr von ihr gehört.«*

Friedrich Laubenthal: *»Früher haben die Eltern bestimmt, was ein Kind anzuziehen hatte und was nicht. Und so fuhr ich mit meiner Mutter nach Andernach und sollte eine Hose und einen Mantel bekommen. Nach dem Einkaufen sind wir dann noch ins Café Wenke gegangen, bevor wir mit dem Zug wieder nach Niedermendig zurückfuhren. Und meine Mutter hat dort eine Tasse Kaffee getrunken. Und Rosemarie Nitribitt hat uns bedient. Das weiß ich genau. Und die hatte ein schwarzes Kleid an und ein Servierschürzchen und war nicht die Schlankste. Ich will nicht sagen, dass sie dick war, aber schlank war sie auch nicht. Sie hat mich natürlich noch erkannt, wir haben auch kurz miteinander gesprochen, über was, dass weiß ich nicht mehr, aber die musste ja auch arbeiten. Und das war das Letzte, was ich von ihr gesehen und gehört habe.«*

Adolf Bous: *»Ich sollte mir einen Anzug und ein Hemd kaufen in der Stadt. Und da bin ich mit einem Freund nach Andernach gefahren. Und wir stiegen am Bahnhof aus und gingen die Bahnhofsstraße entlang, da sah sie mich. Sie kam sofort aus dem Café, in dem sie arbeitete und ging auf mich zu. Sie hatte sich eigentlich kaum verändert, vielleicht ein bisschen fülliger war sie. Sie fragte: ›Adolf, was machst du denn hier?‹ Ich antwortete ihr, dass ich mir einen Anzug und ein Hemd kaufen müsse und das deshalb der Freund mitgekommen wäre. Weil ich doch rot-grün-blind bin. Und da hat sie sofort gesagt, dass sie mir beim Einkaufen hilft. Und das hat sie auch getan und mich beraten, damit auch alles zusammen passt. Es hat auch alles zusammengepasst. Hat meine Mutter bestätigt.«*

Am 6. August 1950 arbeitet Rosemarie immer noch bei Wenkes. Vielleicht war sie auch dabei, als ihr Heimatdorf Niedermendig zur Stadt erklärt und dieses Ereignis drei Tage lang ge-

Staats- Zeitung
und
STAATSANZEIGER FÜR RHEINLAND-PFALZ
verbunden mit dem Gesetz- und Verordnungsblatt
Herausgegeben von der Staatskanzlei im Auftrage der Landesregierung

Nr. 15 / Jahrgang 1 — Montag, 14. August 1950 — Einzelpreis 20 Pfg.

Die erste Stadterklärung in Rheinland-Pfalz

Feierstunde im 700jährigen Niedermendig - Ministerpräsident Altmeier überreichte die Urkunde

Am Sonntag, dem 6. August 1950, am Tag ihrer 700-Jahr-Feier, wurde die Gemeinde Niedermendig im Kreis Mayen feierlich zur Stadt erklärt. Diese Geburtsstunde der Stadt Niedermendig ist insofern von besonderer Bedeutung, als damit zum ersten Male im Lande Rheinland-Pfalz einer Gemeinde Stadtrechte verliehen worden sind. (Als zweite wird demnächst die Gemeinde Schifferstadt folgen.) Nachstehend veröffentlichen wir die Rede von Ministerpräsident Peter Altmeier, die er bei dieser Gelegenheit in Niedermendig gehalten hat:

Der Gemeinderat von Niedermendig hat die 700-Jahr-Feier der altehrwürdigen Cyriakus-Kirche zum Anlaß dieses Festaktes genommen, um damit der Verbundenheit von Staat und Kirche äußeren Ausdruck zu verleihen, einer Verbundenheit, die in den vergangenen Jahrhunderten in den Landen am Rhein

Grundlagen jener christlichen Größe und Vergangenheit

waren, die sowohl aus der Geschichte des Christentums als auch aus der deutschen Reichsgeschichte nicht mehr wegzudenken sind.

Wie dieses deutsche Land hier im Westen im Laufe seiner wechselvollen Geschichte sich immer bewußt als lebendiges Glied der christlich-abendländischen Kulturgemeinschaft gefühlt hat und wie unser Volk sich zu allen Zeiten - auch trotz der Anstürme der jüngsten Vergangenheit - das feste Fundament seines Gottesglaubens bewahrt hat, zeigt sich nicht nur im Großen, angesichts unserer Dome, unserer geschichtlichen Reichtümer, sondern auch

Regierungspräsident von Koblenz hat die Befürwortung in gleicher Weise ausgesprochen und darauf hingewiesen, daß Einwohnerzahl, Struktur, Siedlungsform und die Zusammenarbeit mit Maria-Laach der Gemeinde Niedermendig eine Stellung einräumen, die die Verleihung des Stadtrechtes würdigen.

Dies alles hatte die Landesregierung zu berücksichtigen, als sie den Antrag der Gemeindevertretung

einer sachlichen und objektiven Prüfung

unterzog, wobei auch im Hinblick auf andere Gemeinden klug - niemanden zu Liebe und niemanden zu Leide - überlegt und gehandelt werden mußte. Diese Prüfung ist zugunsten der Gemeinde Niedermendig ausgefallen, und so ist es mir eine große Freude, in dieser Stunde hiermit dem Bürgermeister von Niedermendig diese Urkunde zu überreichen, welche lautet:

Die Gemeinde Niedermendig, Kreis Mayen, hat sich durch ihre wirtschaftlichen und sozia- ihrer Bürger zu einem Gemeinwesen städtischen Charakters entwickelt."

Sie wird daher gemäß § 4 Abs. 2 der Gemeindeordnung für Rheinland-Pfalz hiermit zur

„Stadt"

erklärt.

Koblenz, den 6. August 1950.

Landesregierung Rheinland-Pfalz
Der Ministerpräsident.

Es ist mein besonderer Wunsch, daß die Erklärung zur Stadt unter Hinweis auf die von mir betonte geschichtliche Vergangenheit, unter Bezugnahme auf die wirtschaftliche Entwicklung in ganz besonderer Weise auch eine Ehrung für unsere Steinarbeiterschaft sei, die dem Kreise Mayen das Gepräge gibt.

Mit meinen aufrichtigen Glückwünschen an die neue Stadt verbinde ich die frohe Hoffnung, daß jeder gerade heute angesichts einer oft mißverstandenen, erst heranreifenden wahren Demokratie in der kommunalen Selbstverwaltung - wie es der große Künder der gemeindlichen Selbstverwaltung,

Freiherr vom Stein

einmal wörtlich ausgesprochen hat - das Mittel sieht, „einer wirksamen Teilnahme der Bürgerschaft an der Verwaltung des Gemeinwesens [illegible]

Aggressiver Kommunismus

Der Generalsekretär des Generalkomitees der SED, Walter Ulbricht, hat am 3. August auf der Tagung des Berliner Parteiaktivs der SED eine Rede gehalten, deren Inhalt geeignet ist, alle Bewohner Westdeutschlands sowie die Regierungen des Bundes und der Länder zu scharfer Abwehr aufzurufen, wenn die Bundesrepublik Deutschland nicht der Sklaverei, wie sie in Ostdeutschland und den Satellitenstaaten Moskaus zum Unglück der dort lebenden Menschen praktiziert wird, ausgeliefert werden soll. Aus dieser Rede schließt eine westdeutsche Zeitung mit Recht, daß sich die „Linie des Kommunismus immer deutlicher von der politischen Kampfführung zur Gewaltanwendung zu verlagern scheint".

Ulbricht fordert die Bildung von sogenannten „Friedensausschüssen" in Westdeutschland und Westberlin und enthüllt damit den kommunistischen Charakter dieser Organisationen, die sich schon längere Zeit auch bei uns als „Kämpfer für den Frieden" zu tarnen suchen, um Westdeutschland für die Bolschewisierung reif zu machen. Es handelt sich hier um eine eindeutige Spekulation auf die Dummen und Ahnungslosen, die sich durch Beteiligung an solchen Vereinigungen und durch Unterschriften für eine Ächtung der Atombombe und ähnlicher Manöver ihre Henker selbst wählen sollen. Man versucht - auch bei uns in Rheinland-Pfalz - sogenannte „Kongresse für ein einiges Deutschland", „Friedenskongresse" und ähnliche Veranstaltungen (unter kommunistischer Regie!) aufzuziehen.

Original Staats-Zeitung Titelseite vom 14.8.1950

Ankunft der neuen Glocken in Niedermendig, August 1950

feiert wurde. Es war die erste Stadterklärung im seit 1947 bestehenden Land Rheinland-Pfalz. Ministerpräsident Peter Altmeier gab der Stadt die Ehre und der Abt von Maria Laach, Basilius Ebel, wurde erster Ehrenbürger von Niedermendig. Äußerer Anlass der Feierlichkeiten war die 700-Jahr-Feier der St. Cyriakus-Kirche mit Glockenweihe, die Dechant Thees aus Mayen im Auftrag des Erzbischofs in der Pfarrkirche vornahm. Pater Ambrosius hielt die Festpredigt. Die Niedermendiger bekamen die Gelegenheit, den Glocken mit einem Holzstück die ersten Töne zu entlocken. Das neue Geläut wurde im Turm der Kirche angebracht, um am Vorabend der 700-Jahr-Feier zum ersten Mal zu erklingen.

Auch später im Jahr 1950 scheint Familie Wenke mit Rosemaries Arbeitsleistung noch zufrieden gewesen zu sein. Sie strenge sich an, hieß es. Anna Maria Elsen war froh, dass ihr Pflegekind den rechten Weg gefunden hatte. Vielleicht nähme ja doch alles ein gutes Ende mit »dem Rosemi«.

Aber: Rosemarie muss das Café Wenke verlassen. Sie wurde rausgeworfen. Aus Gründen, die nur noch die Tochter Wenke wissen kann. Willi Wenke jun., damals sieben Jahre alt, kann sich nicht mehr daran erinnern, warum Rosemarie entlassen wurde. Aber schon der geringste Anlass sei damals ein Kündigungsgrund gewesen, denn man hatte ja schließlich einen Ruf zu verlieren. Willi Wenke jun. weiß noch, dass er geweint hat, als Rosemarie die Familie verlassen musste.

> Willi Wenke jun.: *»Ich habe sie sehr nett in Erinnerung und ich habe Tränen geheult, als meine Eltern sie entließen. Einmal hat sie mich auch gebadet, daran erinnere ich mich noch, weil sie so viel Spaß mit mir gemacht hat. Ich habe mich gut mit ihr verstanden. Später, als ich Lehrjunge war, da habe ich wegen ihr 10 Mark gewonnen. Ich wettete mit den anderen Lehrjungen, dass Rosemarie einmal in unserem Haus beschäftigt gewesen ist. Sie wollten mir natürlich nicht glauben und da habe ich ein Buch hervorgeholt, da stand ihr Name und ihre Unterschrift drin. Da hatte ich die Wette gewonnen.«*

Rosemarie arbeitete nun als Zimmermädchen bei Bauers ›Lenchen‹ (Magdalena Bauer) in der Hochstraße in Andernach. Sie betrieb dort die ›Altdeutsche Bierstube, eine Gaststätte, die es wohl heute noch gibt. Enkel Karl-Heinz Wölbert, drei Jahre älter als Rosemarie, erinnert sich, dass seine Großmutter froh war, ein Zimmermädchen für ihren Pensionsbetrieb zu finden. Er weiß aber, dass Rosemarie nicht lange bei der Großmutter blieb, weil sie durch Russenmädchen abgelöst worden sei. Rosemarie hat er nett und freundlich in Erinnerung.

Im Anschluss daran wurde Rosemarie kurzfristig bei Familie Pohl in der Neuwiederstraße in Miesenheim angestellt. Miesenheim ist heute ein Stadtteil von Andernach. Pohls hatten eine Bäckerei, aber Rosemarie war bei ihnen als Hausmädchen angestellt. Die Bäckerei existiert schon lange nicht mehr, auch die Familie ist bereits verstorben. Thea Pohl, eine der Bäckerstöchter erinnerte sich zu Lebzeiten an die Fürsorglichkeit ihrer Mutter gegenüber Rosemarie.

Thea Pohl: *Die Rosemarie habe ich gern gemocht, sie war nett und meine Mutter hat sich auch sehr um sie bemüht. Rosemarie war als Dienstmädchen bei uns angestellt gewesen. Sie wohnte bei uns zu Hause und aß selbstverständlich bei uns am Tisch mit. Meine Mutter machte da keine Unterschiede. Meine Schwester und ich haben ja auch im Haushalt mithelfen müssen und ich habe vor der Schule Brötchen ausgetragen. Meine Mutter war gerecht und mit ihr ließ sich immer reden. Sie hat gesehen, dass Rosemarie stets so unruhig war, unstet. Ich kann mich noch an folgenden Dialog erinnern zwischen den beiden, als Rosemarie ihr dann sagte, dass sie jetzt gehen wolle. Meine Mutter sagte: ›Komm, wir sprechen noch mal Rosemarie! Was ist mit Dir? Musst Du zu viel arbeiten bei uns?‹ ›Nein, Frau Pohl, das ist es nicht. Ich möchte gerne in die Stadt!‹ ›Kind, bleibe hier. Du stehst doch ganz allein da, bleib' hier. So wie bei uns kriegst du das niemals mehr!‹ ›Ach Frau Pohl, ich bin ja auch gerne bei Ihnen. Aber ich will doch die Welt sehen! Ich will was erleben und kein Putzmädchen sein. Ich will Geld verdienen. In Frankfurt rollt doch der Rubel nur so.‹ ›Aber Rosemarie, das ist doch nicht der richtige Weg! Was suchst du denn nur?‹ Ja und dann ist Rosemarie gegangen. Meine Mutter hat sie nicht halten können. Sehr lange war sie nicht bei uns gewesen. Aber sie kam uns später, Ende der 50er Jahre, noch mal besuchen. Wir freuten uns, Rosemarie war noch genauso nett wie damals, aber viel viel schlanker und so elegant gekleidet! Danach habe ich sie aber nicht mehr gesehen.«*

Als Rosemarie die Familie in Miesenheim verlässt, will sie frei und unabhängig sein, Geld verdienen, Ausgehen, Tanzen, Musik hören, sich amüsieren. Ihr Wunsch, sich in andere Welten zu träumen, ist längst übermächtig und die Verwirklichung ihr erklärtes Ziel. Nichts ist ihr mehr zuwider, als das trostlose Dasein einer sparsamen, biederen Haus- und Putzfrau.

Am 1.2.1951, Rosemarie ist 18 Jahre alt geworden, steht ganz Andernach Kopf: Es ist Möhnentag! Mit lustigen Umzügen beherrschen die kostümierten und mit Masken verkleideten Frauen am Schwerdonnerstag die Straßen Andernachs, begleitet von verschiedenen Musikkapellen. Auch im Café Wenke geht es drunter und drüber in diesen tollen Tagen. Nach jeder Karnevalveranstaltung stürmen die Narren nachts das Café und verschlingen Unmengen Hühner- und Ochsenschwanzsuppe. Das ist gute Tradition bei Wenkes. Und Willi Wenke sen. hat die Suppe wie immer selbst zubereitet. Da lassen sich sogar die Herren gerne überreden, die die Einhaltung der Polizeistunde zu überwachen haben.

In der jungen Stadt Niedermendig herrscht auch das närrische Regime. Prinz Johann I. von Margarinien-Butterberg wird, unter großem Gejohle seines närrischen Gefolges, in sein Amt eingeführt. Der anschließende Prinzenball bildet den Höhepunkt der Karnevalszeit.

Auf Jück

In der Nacht zum 2. Februar 1951 wird Rosemarie von der Frankfurter Polizei am Bahnhof aufgegriffen. Sie habe die Nacht in einer Absteige in Frankfurt-Mörfelden verbracht, schreiben die Beamten ins Protokoll. Sie bringen Rosemarie in das Monikaheim in Frankfurt. Hier sind junge Mädchen in Fürsorgeerziehung oder der Freiwilligen Erziehungshilfe untergebracht. Außerdem hat das Monikaheim die einzige geschlossene Anstalt für Mädchen in Frankfurt.

23 Frauen Frankfurts gründeten 1901 den ›Katholischen Fürsorgeverein für Mädchen, Frauen und Kinder e.V.‹, heute ›Sozialdienst Katholischer Frauen e.V.‹. Sie hatten das sozialkaritative Anliegen, elternlosen Kindern ein Heim zu geben und gefährdeten Frauen und Mädchen wieder zu einem geordneten Leben zu verhelfen. Unterstützt wurden sie damals bei dieser Aufgabe von den Ordensschwestern vom Heiligen Geist in Koblenz, die bis

1972 im Monikaheim tätig waren und wegen Nachwuchsmangels abberufen wurden. Der Weggang der Schwestern zwang den Verein zunächst zur Schließung des Monikaheimes, soweit es der Sorge für gefährdete Mädchen diente. Für das Kinderheim, das noch heute in dem Gebäude in der Kriegkstraße, Ecke Kostheimerstraße in Frankfurt untergebracht ist und als ›Familienzentrum Monikahaus‹ vielfältige, integrierte und miteinander vernetzte Hilfen für Familien unter modernsten, heilpädagogischen Gesichtspunkten anbietet, wurde damals eine weltliche Leitung gefunden, so dass es weiter bestehen bleiben konnte.

Insbesondere bei der Betreuung der zahlreichen ›Durchgänge‹, bedingt durch Frankfurts Lage als Verkehrsmetropole, sah der Verein bis 1972 Handlungsbedarf. Dafür diente ein Aufnahmeheim für Jugendliche, ein Vorasyl für Mädchen und Frauen über 21 Jahre und ein Bewahrungsheim für ältere Schützlinge. Bei der sogenannten geschlossenen Fürsorge handelte es sich um Mädchen zwischen 17 und 21 Jahren, die aus verschiedensten Gründen in dieses Heim eingewiesen werden mussten. Meist waren es jugendliche Ausreißerinnen, die von zu Hause oder aus einem anderen Heim fortgelaufen waren, Prostituierte, Landstreicherinnen oder ledige, minderjährige Mütter. Die meisten von ihnen kamen aus bescheidenen sozialen Verhältnissen, waren Waisen oder unehelich geborene Kinder, Kinder aus zerrütteten Familien.

In der sogenannten offenen Fürsorge werden strafgefangene und strafentlassene Mädchen und Frauen betreut und nach der Haft in Arbeitsstellen vermittelt oder Pfleg- und Vormundschaften übernommen.

Von den Ordensschwestern vom Heiligen Geist, die in den 50er Jahren im Monikaheim tätig waren, lebt keine mehr. Auf Anfrage im Mutterhaus Koblenz kann Schwester M. Lioba berichten, dass die 1962 verstorbene Schwester Alfonsa »tagelang um die Dame Nitribitt geweint hat, als diese damals tot aufgefunden wurde«. Auch wurde Schwester M. Lioba auf Nachfragen im Orden mehrmals bestätigt, dass die 1981 verstorbene Schwester Peregrina »sich sehr um das Mädchen Nitribitt bemüht« habe.

Als Rosemarie im Monikaheim aufgenommen wird, muss erst geklärt werden, wohin sie soll. Da sie seit dem 11. Mai 1948 der endgültigen Fürsorgeerziehung überwiesen wurde und polizeilich in Andernach gemeldet ist, ist nach wie vor das Kreisjugendamt Mayen für sie zuständig. Und das entscheidet: Rosemarie soll wieder zurück ins Marienheim nach Hagen-Haspe. Von dort kommt aber prompt die Absage.

Telegramm aus Hagen Haspe in Westfalen vom 9. Februar 1951: »Rosemarie Nitribitt keinesfalls zu uns zuführen. Hier sind nur Schulkinder. Landesjugendamt Koblenz um Heimbenennung ersuchen. Gez. Marienheim«

Das Monikaheim entlässt Rosemarie Nitribitt unter Aufsicht nach Mayen. Hier begegnet sie das erste Mal persönlich ihrer neuen Kreisfürsorgerin, Maria Oster, geb. Heck.

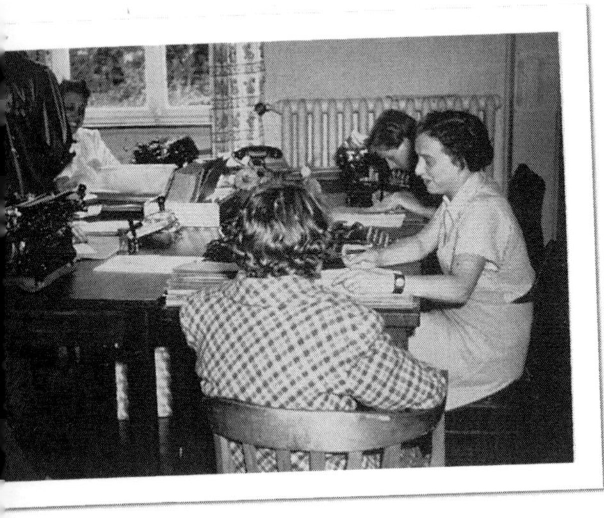

Büro Kreisfürsorgeamt Mayen, Maria Oster im Profil rechts vorne im Bild

Maria Oster: *»Zuerst war ein Anruf von Frankfurt, dass Rosemarie aufgegriffen worden ist und sie würde nun dem Kreisjugendamt Mayen überstellt, da ja von uns die Nachricht ge-*

kommen wäre, dass sie noch weiterhin unter Obhut ist. Und dann erschien Rosemarie, ich sehe sie heute noch vor mir: nicht so elegant und schmal und schlank und tolles Make-up wie das so in den Filmen zu sehen war, sondern sie war ein etwas molliges Mädchen, was die Mädchen in den Heimen meistens waren, irgendwie war das wohl die Heimkost, dass die so aufgingen, was ihr natürlich gar nicht gefiel. Dann hatte sie einen türkisfarbenen Mantel an, seltsam, daran erinnere ich mich noch ganz genau, und so ein schwarzes Käppchen mit so schwarzen Blümchen und weißen Perlchen in der Mitte drin, und strahlte übers ganze Gesicht und redete uns, den damaligen Amtsleiter Bongartz und mich als Kreisfürsorgerin, zu, wir sollten sie doch um Gottes Willen in eine Arbeitsstelle vermitteln, da würde sie auch bleiben, aber wir sollten nicht mehr versuchen, sie in einem Heim unterzubringen, es gäbe kein Heim hier in Deutschland, aus dem sie nicht ausbrechen könnte. Und das hatte sie ja schon zu Genüge bewiesen, dass sie das fertigbrachte, aus soundso vielen Heimen stiften zu gehen. Und für sie war der Magnet Frankfurt, sie tauchte immer wieder dort auf. Da haben wir also mit ihr zusammen überlegt, ob wir sie noch mal in ein Heim geben oder auf eine Arbeitsstelle vermitteln sollen. Wir hatten das Heim Maria Rosenberg in der Pfalz im Hinterkopf, weil das als besonders ausbruchssicher galt. Das wurde auch ausgesprochen und da warf Rosemarie sofort ein: ›Wenn sie glauben, dass ich da nicht ausbüxe, dann haben sie sich getäuscht. Wissen Sie, wie der höchste Berg in Deutschland heißt?‹ Da haben wir gesagt: ›Du hast wahrscheinlich eine andere Vorstellung als wir sie vom höchsten Berg haben!‹ ›Ja‹, sagte Rosemarie, ›der höchste Berg ist nämlich Maria Rosenberg!‹ ›Ja wieso denn das? Die Pfalz hat zwar viel Wald und ist hügelig, aber Berge?‹ ›Doch‹, hat sie da trotzig geantwortet, ›doch, Maria Rosenberg ist der höchste Berg in Deutschland! Sie brauchen nur 10 Minuten um raufzufahren, aber 2, 3 Jahre um wieder runterzukommen!‹ Wir wussten natürlich, was sie meinte und dass sie uns durchschaut hatte. Und da sagte Rosemarie: ›Es gibt kein Heim, aus dem ich nicht rauskomme!‹ Und dann haben wir uns entschieden, sie doch lieber in die Arbeitsstelle zu geben.«

Maria Rosenberg liegt 10 Kilometer nördlich von Pirmasens, an der Eisenbahnlinie Pirmasens–Kaiserslautern, auf halber Höhe am Südhang des idyllischen Schwarzbachtales. Die vielen Gebäude wirken wie eine kleine Stadt auf dem Berg. Am traditionellen ›Rosenberger Fest‹, das Hauptwallfahrtsfest am Donnerstag nach Pfingsten, strömen die Pilger zu der Gnadenkapelle, halten Andachten im Freien oder besuchen den Gottesdienst in der Wallfahrtskirche. Maria Rosenberg ist eine Niederlassung der Franziskanerinnen von Mallersdorf. Alle Gebäude, wie auch das Stifterhaus, Exerzitien- und Bildungshaus, aber auch das Altenheim sind Eigentum des Bischöflichen Stuhles von Speyer. Das Mädchenheim existiert auch noch, es ist, von den anderen Gebäuden durch eine terrassenförmige Gartenanlage getrennt, in einem fünfstöckigem Bauwerk aus dem Jahre 1928.

Kreisfürsorgerin Maria Oster bemüht sich um Arbeit für Rosemarie. Sie schreibt zunächst an das St. Josef-Krankenhaus in Burg-Brohl, weil sie dorthin schon ein anderes Mädchen vermittelt hatte.

Maria Oster: *»Rosemarie hatte, und ich nehme an, dass hat sie für ihren späteren Job auch sehr gut gebraucht, ein freundliches, zuvorkommendes Wesen. Wie sie sonst außerhalb des Amtes mit anderen umging oder sich in den Heimen verhalten hat, das kann ich natürlich nicht beurteilen.«*

Im Februar 1951 greift die Gesundheitspolizei Rosemarie mehrmals in Frankfurt auf und liefert sie im Monikaheim ab. Immer wieder bricht sie dort aus, immer wieder wird sie eingefangen. Schließlich erreicht die Kreisfürsorgerin am 19.2.1951 ein Schreiben vom Jugendamt Frankfurt, Abteilung Jugendschutz:

»Im Anschluß an unser Fernschreiben vom 14.2. teilen wir mit, dass die Jugendliche am 20.2.51 gemäß Ihrer telefonischen Anordnung in das Kloster ›Vom Guten Hirten‹ in Trier überstellt wird. Sie war am 12.2. von der Gesundheitspolizei erneut festgenommen worden und zur Beobachtung auf Geschlechtskrankheiten in das Monikaheim Kostheimerstraße 11/13 eingewiesen worden. Rosemarie verhielt sich auch diesmal im Heim sehr unruhig. Sie gab an, sich in der Zwischenzeit mit einer Freundin in Frankfurt/Main aufgehalten zu haben, bestritt aber, von der Unterstützung verschiedener Freunde gelebt zu haben. Als sie aufgegriffen wurde, hatte sie neben einigen DM, 20 Dollar in ihrem Besitz. Das Mädchen macht einen dummen, aber dabei durchtriebenen, triebhaften und unoffenen Eindruck. Es hatte den dringenden Wunsch, zu seiner Pflegemutter zurück zu kehren.«

Die Volksgesundheit lag dem Staat in den Jahren des Wiederaufbaus sehr am Herzen. Und so wurde in den Großstädten wie Frankfurt innerhalb der Polizei eine Truppe als Gesundheitspolizei eingesetzt. Die Fürsorgerinnen wurden dazu angehalten, die Polizei bei der Überwachung von meldepflichtigen Krankheiten zu unterstützen. Von 1947 bis 1950 hatte man dadurch die Zahl der venerischen Erkrankungen um 20.000 verringern können. Dabei ging man rigoros vor. Wurde ein Mädchen bzw. eine Frau aufgegriffen, konnte sie bei geringstem Verdacht auf die ›Volksseuche‹ in ein Krankenhaus oder in eine Anstalt eingeliefert werden. Dort wurde sie dann mit Salvarsan oder Penicillin behandelt. Salvarsan ist das Warenzeichen für eine Arsenverbindung, hauptsächlich als Antisyphilitikum hergestellt und eingesetzt. Salvarsan wurde von dem deutschen Chemiker und Mediziner Paul Ehrlich und dessen Schüler, dem japanischen Bakteriologen Sahatschiro Hata 1909 erfunden, später aber durch moderne Präparate wie Penicillin oder Neo-Salvarsan verdrängt. Die damals staatlich subventionierten Institute wie das Paul-Ehrlich-Institut in Frankfurt erforschten unter anderem venerische Krankheiten und deren Heilung.

Im Monikaheim trennte man streng die zwangsweise eingelieferten, unter Sittenkontrolle stehenden Mädchen von den übrigen Heimbewohnern. »Es ist für uns von größter Wichtigkeit, wenn wir den Mädchen gegenüber eine autoritative Stellung behaupten können. Um uns diese zu verschaffen, setzten wir uns mit den Eltern oder mit dem Vormund in Verbindung und lassen uns zur Unterbringung in eine Anstalt ermächtigen bis zum vollendeten 21. Lebensjahre. Es ist von großem Vorteil für ein Mädchen, in einem solchen Hause geborgen zu sein und dort wieder zur Ordnung, Reinlichkeit und pünktlicher Arbeit angeleitet zu werden.«[44]

Rosemarie wird dem Kloster ›Vom Guten Hirten‹ in Trier überstellt. Sie ›gebärdet‹ sich dort derart, dass man sie aus der ›Gemeinschaft entfernt‹ und in ein Einzelzimmer sperrt. Entsetzt stellen die Schwestern fest: »Rosemarie widersetzt sich jeglicher Erziehung!« Rosemarie soll nun zur Beobachtung in die Landesnervenklinik nach Andernach eingeliefert werden. Doch dazu kommt es nicht. Rosemarie reißt vorher aus und taucht unter.

Irmgard: *»Sie hat auch ein paarmal bei uns geschlafen. Wenn sie auf Jück war, dann kam sie und fragte: ›Frau Klein, kann ich hier schlafen?‹ ›Ja, sicher!‹ hat dann meine Mutter gesagt. Und dann wollte ich immer gerne bei meiner Schwester ins Bett steigen, kuscheln und erzählen, aber das war ja auch die Zeit schon, da war meine Schwester ein paarmal geschlechtskrank und dann wollte sie nicht, das ich zu ihr ins Bett kam. Und dann hat sie immer gesagt: ›Andermal! Andermal Irmel! Jetzt nicht!‹*

Inzwischen hat Maria Oster eine Absage vom St. Josef-Krankenhaus erhalten.

»In Beantwortung des dortigen Schreibens vom 28.2. 465 / 402 teilen wir ergebenst mit, dass es uns im Augenblick nicht möglich ist, ein weiteres Mädchen einzustellen, da wir in der Unterbringung sehr beengt sind und bereits alle Plätze vergeben haben. Mit Bedauern, keine Zusage geben zu können, zeichnet ergebenst Schw. Hedwig.«

Liebe ist nur ein Märchen

Rosemarie taucht wieder auf. Sie wird am Kölner Hauptbahnhof von der Polizei aufgegriffen, als sie gerade zurück nach Düsseldorf will. Sie hatte dort ihre Mutter in der Münsterstraße 400 besucht. Das Haus, in dem die Mutter mit Herbert Hoffmann lebte, hatte den Krieg tatsächlich überstanden. Das glich einem Wunder: Trümmer, Schutt, Asche, kaputte Häuser und Straßen prägten das Stadtbild. Bei Kriegsende waren in Düsseldorf nur noch 7 % der Wohnhäuser, 4 % der öffentlichen Gebäude, 7 % der Geschäftsgebäude, 6 % der Industriebetriebe unbeschädigt. 10 Millionen Kubikmeter Schutt mussten immer noch weggeräumt werden, über finstere Kellertreppen führte der Weg zu Elendsquartieren, die durch die Bombennächte entstanden waren. Doch der Aufbau aus dem Nichts begann.

Das Wiedersehen zwischen Mutter und Tochter verläuft nicht herzlich. Maria Hoffmann ist es egal, was Rosemarie treibt, wie sie lebt. Trotzdem wirft sie Rosemarie nicht gleich hinaus, nachdem Rosemarie eilig verspricht, ihr nicht auf der Tasche zu liegen. Rosemarie darf sogar wiederkommen. Hauptsache, sie fällt ihr nicht zur Last. Das bisschen Glück mit Herbert, ihren kleinen Besitz will Maria Hoffmann mit niemandem teilen. Rosemarie unternimmt nach diesem Gespräch einen Abstecher nach Köln, um, wie sie der Mutter sagt, einkaufen zu gehen.

Als sie gerade wieder auf dem Rückweg zur Mutter ist, wird Rosemarie von der Polizei geschnappt. Nach 5 Tagen in der Düsseldorfer Sichtungsstelle kauft man Rosemarie auf Anweisung des Kreisjugendamtes Mayen kurzerhand eine Fahrkarte und setzt sie in den Zug nach Niedermendig. Sie soll sich dann umgehend bei Maria Oster im Kreisjugendamt Mayen melden. Zu Hause in Niedermendig erzählt sie der Nachbarin, wie sie die Tage zu Geld gekommen war, denn die Mutter hatte ihr nichts gegeben.

Adolf Bous: *»In Düsseldorf hat sie als Mannequin in einem Filmtheater gearbeitet. Vor dem Film wurden immer Vorführungen gemacht und da hat sie Unterwäsche vorgeführt. Das hat sie meiner Mutter erzählt, wo ich dabei war. Ob das wahr ist, weiß ich nicht, aber so hat sie es meiner Mutter erzählt.«*

Maria Oster: *»Wir haben Rosemarie dann in eine Arbeitsstelle gegeben. Eine Hausfrau aus Mayen hatte uns des Öfteren gebeten, ob wir ihr nicht eine Hilfe besorgen könnten, sie könnte keine bekommen und da haben wir ihr Rosemarie vermittelt. Wir hatten der Frau allerdings vorher gesagt, dass sie da wohl ein ›heißes Eisen‹ ins Haus bekäme. Ich meine, genaue Dinge haben wir ihr nicht erzählt, aber dass sie eben schon eine ›gefährliche Frau‹ sei, auch damals schon. Aber sie wollte unbedingt diese Arbeitskraft haben.«*

Rosemarie erscheint tatsächlich bei Maria Oster im Büro, was die Kreisfürsorgerin auch sorgfältig handschriftlich festhält.

»Am Donnerstag, den 15.3.51 hat Rosemarie sich hier gemeldet, dass sie ihre Stelle bei Müllers[45] auf der Hühnerfarm in Mayen, Heckenberg angetreten hat. Sie wurde von Herrn Bongartz und mir noch einmal eindringlich darauf hingewiesen, sich gut zu führen. Aber Rosemarie scheint alle Worte in den Wind zu schlagen. Telefonat zwecks Hausbesuch in der Arbeitsstelle! gez. Oster«

Rhein-Zeitung. Unabhängige Westdeutsche Landeszeitung.

Donnerstag, 15. März 1951. 6. Jahrgang. Nr. 64.

Ungemein starkes Erdbeben. Zentrum wahrscheinlich in der Eifel – Panik in vielen Orten – Keine bedeutenden Schäden.

Niedermendig /Maria Laach. Ein ungewöhnlich starkes Erdbeben hatte Nordwesteuropa erschüttert, dessen Herd im Gebiet der Eifel lag. Die Niedermendiger hatten die kurzen Erdstöße mit Nachbeben in helle Aufregung versetzt. Ein tiefes Grollen unter der Erde, das Klingen der Gläser und des Geschirrs in den Schränken zeigten das Naturereignis wenige Augenblicke lang an. Ganz plötzlich fingen die Häuser bedenklich an zu schwanken, Türen sprangen auf und wieder zu. Fensterscheiben klirrten und das Gebälk ächzte. In Kyllburg wurde dem Stellwerksmeister der Stellwerkshebel aus der Hand gerissen, als er gerade eine Weiche umlegen wollte. Die Aufregung der Menschen legte sich aber wieder nach kurzer Zeit. Außer einigen Verputzrissen an Gebäuden und einem ordentlichen Schrecken hinterließ das Beben keinerlei Spuren.

Frau Müller erschien Donnerstagmorgens im Jugendamt Mayen, um Rosemarie abzuholen. Die Mayenerin hatte eine einfaches Kittelkleid und feste Schuhe an. So, wie es für die Arbeit auf einer Hühnerfarm nützlich war. Rosemarie trägt eine lila Taftbluse, einen schwarzen Rock und schwarze Pumps. Frau Müller nimmt sie trotzdem mit. Schließlich soll sie ja nur im Haushalt helfen. Und Hausarbeit hatte das Mädchen ja in den Heimen ordentlich gelernt. Es galt den Ehemann und die zwei Söhne zu versorgen, auch das Personal wollte verpflegt sein.

Maria Oster: *»Acht bis zehn Tage später, ich hatte mit einer Grippe zu Hause im Bett gelegen, da sagte unser Jugendamtsleiter zu mir, als ich wieder gesund und im Büro war: ›Sie haben beinahe Besuch bekommen!‹ Ich sagte: ›Wieso denn beinahe?‹ ›Naja, die Rosemarie war hier und wollte sich bedanken, dass wir sie in die Arbeitsstelle vermittelt und nicht wieder in ein Heim gesteckt haben und sie wollte einen Krankenbesuch machen, wollte sie überhaupt besuchen und brachte ein Veilchensträußchen für sie mit.‹«*

Familie Müller merkt schnell, dass Rosemarie nicht auf die Hühnerfarm passt. Es gibt direkt den ersten Krach. Wütend steht Rosemarie zwei Tage später vor dem Schreibtisch von Maria Oster, die anschließend notiert:

»Heute erschien Rosemarie Nitribitt und führte schon die erste ›Beschwerde darüber, dass sie am Sonntagabend keinen Ausgang erhalten habe. Frau Reiff und ich haben ihr unsere Stellungnahme hierzu mitgeteilt, d.h. das Verhalten der Frau Müller als durchaus richtig bezeichnet. Ich habe Frau Müller auch fernmündlich unterrichtet. gez. Oster«

Rosemarie nimmt sich die Ermahnungen von Maria Oster und Frau Reiff zu Herzen. Sie hilft nun besser bei den Müllers im Haushalt mit und die sind auch zufrieden mit ihrer Arbeit. Vor allem davon, wie Rosemarie die Oberhemden bügelt.

Maria Oster: *»Das konnte sie ja, denn das lernten alle Mädchen in den Fürsorgeheimen, weil dort ja auch immer eine Wäscherei mit dabei war. Und das war auch für diese Arbeitsstelle wichtig, weil Frau Müller verheiratet war und zwei berufstätige Söhne hatte.«*

Rosemarie arbeitet folgsam, gibt sich aber von nun an selbst frei. Sie will sich auch amüsieren. Von der Hühnerfarm führt ein kleiner Weg hinunter, immer entlang der Eisenbahnstrecke Mayen–Niedermendig, unter dem Viadukt hindurch, zum Schützenhof. 1951 war das noch ein beliebtes Bretterbudenlokal.

Hotel „Zur Traube"
TANZ und UNTERHALTUNGSMUSIK
Gut bürgerliche Küche! Gepflegte Getränke!
MAYEN, Markt 15 - Ruf 456

„Schützenhof im Nettetal"
An den Kirmestagen TANZ im Freien
Eintritt und Tanzen frei!
Gute Küche! Gepflegte Getränke!

a feider hof
An allen Kirmestagen TANZ.
Sonntags Kolpingsfamilie - Montags MGV. „Concordia"
Für Küche und Keller ist bestens gesorgt.
MAYEN, Polcher Straße 74, Ruf: 469.

Annonce »Schützenhof im Nettetal – Tanz im Freien« / Rhein- Zeitung 1951

Laut Erinnerung vieler Mayener soll Rosemarie dort nicht nur gekellnert haben. Drei gut situierte Mayener sollen ihre ersten Freier gewesen sein. Und sie waren von Rosemarie so begeistert, dass sie sie Ende der 50er Jahre auch oft noch in Frankfurt aufgesucht haben.

Mayen-Andernacher Kreiszeitung

am Montag, den 2. April 1951.

Aus der Kreisstadt.

Im vorderen Nettetal. Mayen. Das vordere Nettetal am Schützenplatz war von jeher das besuchteste Waldstück aller Mayener, die dort in der Waldesluft Erholung suchten. Infolge der unmittelbaren Nähe des Viaduktes fiel leider auch diese reizende Nettetalpartie den Bomben zum Opfer. Jetzt wird zur Freude aller Naturfreunde der Hang, entlang des Schützen- und Turnplatzes, wieder aufgeforstet und zwar von Fachleuten aus Kürrenberg und Reudelsterz, unterstützt von zahlreichen Mädchen aus den beiden Gemeinden. Unter der Leitung von Revierförster Brinkmann soll am Eingang zum Eiterbachtal wieder ein Schmuckkästchen entstehen. Das Hauptpflanzgut bilden Pappeln, Lärchen und Tannen, die schon in etwa 10 Jahren hochgewachsen sind. Allerdings nur dann, wenn die Waldbesucher die Pflanzungen entsprechend pflegen und Elternhaus und Schule alles zu, um die Jugend zur Schonung des Waldes anzuhalten.

Maria Oster: *»Der Schützenhof ist heute wieder ein gutes Lokal, auch vom Bau her. Zur damaligen Zeit, Anfang 1950 war das aber noch ein ziemlich verrufenes Ding, auch sehr primitiv, wie es in dieser Zeit viele Gebäude waren und da muss sie wohl so ihre, ich will nicht sagen ›ersten Gehversuche‹ in ihrem späteren Job gemacht haben, aber zumindest hat sie da wohl schon wieder gearbeitet auf dem Gebiet.«*

Schützenhof 1997

Der Schützenhof wurde Ende der 1950er Jahre abgerissen und wieder neu aufgebaut. Seitdem wurde er immer als Restaurant geführt, jedoch wechselten die Besitzer im Laufe der Zeit. Bis zum Frühjahr 1997 hieß es auch noch Schützenhof. Ende der 1990er Jahre eröffnete der damalige Pächter in den Räumen ein Chinarestaurant.

Eine ganz andere Version vom Leben in Mayen schildert Rosemarie zu Hause in Niedermendig. In vertrauter Umgebung erzählt sie, bei der Nachbarin am Küchentisch sitzend, ihre Gedanken und Wünsche.

Adolf Bous: *»Da hatte Rosemarie nur noch im Sinn, einen guten Mann kennenzulernen und zu heiraten. Und sie sagte zu meiner Mutter: ›All meine Freundinnen sind schon verheiratet und haben einen anständigen Jungen, nur ich kriege keinen!‹ Und dann hatte sie sich verliebt und versucht, den Mayener Jungen an sich zu binden. Sie hat ihm gesagt, sie sei schwanger und normal heiratet man dann da. Aber daraus wurde nichts. Der muss es mit der Angst bekommen haben und hat sich abgesetzt zur Fremdenlegion. Rosemarie war da sehr traurig gewesen. Sie hatte den Wunsch zu heiraten und eine Familie zu gründen und wenn das damals geklappt hätte, wäre es nie zu der Sache gekommen in Frankfurt!«*

Irmgard: *»Vielleicht hätte meine Schwester ja doch mal geheiratet. Die hatte ja den Freund da gehabt, den Peter da!«*

Maria Oster: *»Es war ja in damaliger Zeit für ein Mädchen das Ziel, zu heiraten und Familie zu haben. Diese Vorstellung habe ich bei Rosemarie eigentlich nicht deutlich heraushören können. Sie hat das uns gegenüber auf dem Jugendamt nie klar gesagt. Ich kann auch nicht sagen, ob sie zu dem Zeitpunkt auf der Suche nach etwas war. Sie hatte mir gegenüber nie irgendwelche Wünsche geäußert oder von einem Ziel gesprochen. Auch* *nach ihrer Familie hat sie nie gefragt. Ich glaube, sie war insofern zielstrebig, dass sie, nachdem sie in Frankfurt gewesen war und gesehen hatte, was auf diesem Gebiet alles möglich war, denn in Frankfurt rollte ja auch damals schon der Rubel, da war ja schnell an Geld zu kommen, dass sie das Ziel verfolgte: frei zu sein, unabhängig zu sein und ein gutes Leben zu führen.«*

Zu dem angekündigten Hausbesuch der Kreisfürsorgerin auf der Hühnerfarm kommt es nicht mehr. Rosemarie wirft ihren Job mit der Begründung hin, sie sei doch nicht so dumm, für 45 DM im Monat von morgens bis abends zu arbeiten und anderen Leuten den Dreck zu fegen. Und Frau Müller äußert gegenüber dem Kreisjugendamt: »Außer Bügeln könne man sie im Haushalt nichts selbständig arbeiten lassen!« Maria Oster vermerkt nach dem Gespräch mit Frau Müller: »Die ganze Familie atmet erleichtert auf, dass Rosemarie aus dem Haus ist.«

Faszination Großstadt

Sollte Rosemarie den Wunsch gehabt haben zu heiraten, so ist er nie in Erfüllung gegangen. Vielleicht hat sie auch nach der ›Mayener Enttäuschung‹ beschlossen, dass, wenn sie schon das Leben einer Ehefrau nicht führen konnte, sie dann ein komplett anderes Leben führen wollte. Ein unabhängiges, selbstbestimmtes Leben, in dem sie ihr Glück selbst in die Hand nahm und gutes Geld verdiente. Rosemaries Streben nach Anerkennung und Reichtum treibt sie nach Frankfurt. In der Metropole am Main pulsierte das (Nacht-)Leben. Auch die Homosexuellenszene fand dort ihren Platz, denn Frankfurt galt als liberale Stadt – zumindest wollten es die Bürger jener Zeit so sehen. 1948 hatte Frankfurt die größte Verkehrsdichte aller westdeutschen Städte zu verzeichnen. 5.600 Automobile der Marke Olympia liefen vom Band, ein Jahr später waren es schon 20.000. Überall wurde gebaut, waren aus Trümmern neue Häuser und Geschäfte entstanden. Die Auslagen boten alles, was das Herz begehrte – und hier lebten die Menschen, die Geld genug hatten, sich den ganzen Luxus leisten zu können.

Am 18. Mai 1951 wird sie spät abends im Reichshof in Frankfurt aufgegriffen und sofort als ›alte Kundin‹ auf eine Station des Monikaheimes eingeliefert – zur Überprüfung auf venerische Krankheiten. Von dort reißt sie aus, nur, um wenige Tage später wieder dort untergebracht zu werden. Von dort aus kommt Rosemarie ins Juliaheim nach Koblenz, beschließt das Kreisjugendamt Mayen. Auch dort bleibt Rosemarie nur wenige Tage. Sie bricht aus und taucht wieder in Frankfurt unter. Für einen vollen Monat bleibt sie verschwunden, niemand weiß, wo sie sich aufhält. Doch schließlich wird sie gefunden, und diesmal kommt es im August 1951 zu einer Verurteilung des Jugendrichters: 3 Wochen Haft wegen Landstreicherei.

Rosemarie Nitribitt sitzt ihre Strafe in Frankfurt-Preungesheim ab. Die Karteikarte gibt es noch, das Jugendgefängnis, zum Teil ausgebombt, war in dem alten Teil der heutigen Frauenvollzugsanstalt. In der Zeit vor 1955 sind dort umfangreiche Bau- und Renovierungsarbeiten vorgenommen worden.

Als Rosemarie ihre Strafe verbüßt hat und sie dem Landeswohlfahrtsamt Koblenz ›zur weiteren Bestimmung‹ zugeführt werden soll, büxt sie auf dem Transport von Frankfurt nach Niedermendig aus.

Maria Oster: *»Sie war von einem unwahrscheinlichen Freiheitsdrang besessen und aufs Geldverdienen fixiert. Sie ist in ärmlichen Verhältnissen groß geworden, bei Pflegeeltern, die gut für sie gesorgt haben, aber das war wohl nicht das, was Rosemarie suchte. Aber sie war immer noch nicht 19 Jahre alt, und die Fürsorge endete normalerweise mit 19 Jahren, konnte aber bei Aussicht auf Erfolg bis 21 Jahre verlängert werden, weil man mit 21 Jahren damals erst volljährig war. Und dann* *haben wir beim Vormundschaftsgericht beantragt, die Fürsorgeerziehung zu beenden, da keine Aussicht auf Erfolg bei ihr bestünde, dass sich ihre Einstellung bzw. ihr Leben ändern würde. Sie hatte ja, wie aus den Akten ersichtlich war, schon sehr früh ›Gehversuche‹ auf diesem Gebiet gemacht.«*

Aktenvermerk vom 30.11.1951 vom Kreisjugendamt Mayen an das Landeswohlfahrts- und Jugendamt in Koblenz. Betrifft Fürsorgeerziehung Rosemarie Nitribitt.

»Auf dortige Verfügung vom 19.9.1951 habe ich die Genannte im Landesfahndungsblatt ausschreiben lassen. Wie mir nun von der Landeskriminalpolizei Koblenz mitgeteilt wird, hat sich das Mädchen am 20.11.51 für Koblenz-Ehrenbreitstein, Friedrich-Wilhelmstraße 164 (Pension Kaufmann) polizeilich angemeldet. Eine Verlängerung der Fürsorgeerziehung über das 19. Lebensjahr hinaus halte ich nicht für erfolgversprechend. R.N. zeigt nicht die geringste Erziehungsbereitschaft. Sie ist ein Mädchen, das nur von seinen Trieben geleitet wird. i.V. Regierungsassessor«

Das Vormundschaftsgericht gibt dem Antrag nicht statt, die Fürsorgeerziehung wird nicht beendet. Im Gegenteil: Rosemarie soll wieder in ein Heim. Einen Erziehungserfolg verspreche man sich davon zwar nicht, aber ihrem ›ausschweifenden Lebenswandel‹ wäre so ›eine Schranke‹ gesetzt. Inzwischen läuft die Fahndung der Koblenzer Polizei weiter. Auch Elsens werden zum Aufenthalt Rosemaries befragt. Doch die haben von ihrer Pflegetochter schon lange nichts mehr gehört. Im März 1952 heißt es, Rosemarie verdinge sich als Bardame bei den Amerikanern in Wiesbaden. Als die Kripo dort nach ihr fahndet, ist sie schon längst wieder verschwunden.

Am 7. April 1952 wird Rosemarie in Frankfurt aufgegriffen. Sie hat über 1000 DM Bargeld bei sich und ein Postsparbuch mit einer Einlage über die gleiche Geldsumme.

Wie das Leben so spielt: Die Heck-Schwestern

Gisela (*1925 †2019) und Maria Heck (*1927 †2004) waren zwei Schwestern, die beide im gleichen Beruf arbeiteten und zur gleichen Zeit an unterschiedlichen Orten mit dem Schicksal von Rosemarie Nitribitt zu tun hatten – die eine auf dem Land in der Eifel, die andere in der Großstadt Frankfurt.

Und so staunte Maria Heck 1951 nicht schlecht über die amtlichen Überstellungspapiere von Frankfurt, unterzeichnet von ihrer zwei Jahre älteren Schwester Gisela. Die wiederum hörte es von Rosemarie selbst bei einer Festnahme der Polizei, als sie in der Kaiserstraße aufgegriffen wurde: »Sie schon wieder, Frollein Heck? Sie sind ja anscheinend überall!«

Maria Oster, geb. Heck: *»Zwischenzeitlich war sie ja immer wieder in Frankfurt aufgetaucht und da arbeitete meine Schwester Gisela. Sie war im Monikaheim auch als Fürsorgerin*

Gisela und Maria Heck, Frankfurt am Main 1951

tätig. Das bekam Rosemarie sehr schnell spitz, weil ja die Namensgleichheit da war. Und Rosemarie wollte dann nur noch mit meiner Schwester verhandeln – ›das ist die Schwester meiner Fürsorgerin in Mayen‹ – und so ließ sich Rosemarie von keiner anderen Fürsorgerin in Frankfurt mehr befragen, weil sie sich davon wahrscheinlich Vorteile versprach. Auf die Art und Weise ist sie noch zwei, drei Mal in Mayen und Frankfurt aufgetaucht und auch immer wieder verschwunden. Wir haben Rosemarie praktisch immer zwischen uns Schwestern hin- und her geschickt.«

Gisela und Maria führten ihren Beruf sehr gewissenhaft und mit großem Engagement aus. Ihnen war es wichtig, den Kindern und Jugendlichen mit ihrem tragischen Schicksal so gut wie möglich zu helfen. Denn die Schwestern waren dem Vorbild ihrer Mutter Gertrud gefolgt, die ebenfalls als Fürsorgerin gearbeitet hatte. Maria und Gisela hatten ihr Notabitur in Aachen und nach dem 2. Weltkrieg eine Ausbildung zur Fürsorgerin abgeschlossen. Die Studiengebühren dafür verdienten sie sich durch Kaffeeschmuggel von Belgien zum Aachener Schwarzmarkt. Dann absolvierten sie 1947 ihre Praktika im Monikaheim in Frankfurt, vermittelt durch Käthe Mangold, für 4 Jahre KZ-Ravensbrück Insassin, Erste Vorsitzende des Katholischen Frauenbundes in Frankfurt, Bundesverdienstkreuzträgerin und beste Freundin von Gertrud. Käthe Mangold und Gertrud Heck kannten sich seit Studienzeiten aus Köln, waren beide Fürsorgerinnen der Stadt Düren und überzeugte Nazigegnerinnen gewesen.

Im Falle Rosemarie Nitribitt tauschten sich die beiden Schwestern regelmäßig aus. Sie war eine ihrer vielen zu betreuenden Jugendlichen, deren Leid vielleicht hätte verhindert werden können, wären sie entsprechend unterstützt und gefördert worden. Die Geschichten, die Maria manchmal aus der Großstadt von Gisela zu hören bekam, waren haarsträubend.

Gisela: *»Einmal wurde ich ins Gutleutviertel hinter dem Bahnhof zu einer Razzia in einer Privatwohnung eingeteilt. Wir haben dort mehrere minderjährige Mädchen noch in den Betten festgenommen, darunter die Rosemarie. Zwei 40-jährige GIs machten sich lachend davon, da sie wussten, dass man sie als Besatzer nicht belangen konnte. Die Wirtin wollte mich beschwatzen und beschrieb, wie schön sie es fände, wenn sich die verschwitzten jungen kindlichen Körper mit den großen schwarzen Leibern der Amis umschlängen. Und obendrein mit Dollars bezahlt würden, so dass die jungen Dinger sich ‹was zu essen kaufen könnten.«*

Maria Heck war es anfangs sehr schwer gefallen zu glauben, dass dieses unbeholfene, stämmige Mädchen aus Mendig, die bei ihr nur Platt sprach, in Frankfurt betuchte Freier finden sollte. Die Konkurrenz war, wie sie von Gisela wusste, in den Nachkriegsjahren doch recht beachtlich. Und was Frauen dort alles u.a. für ein paar Nylons machten, wurde schließlich nur hinter vorgehaltener Hand gemunkelt. »... aber kaum war Rosemarie wieder in meiner Obhut, spielte, lachte und sang sie wieder mit kindlichem Gemüt«.

Ringelreihen, Rosemarie Nitribitt (2. v. r.), Maria Heck (3. v. r.)

Von ihrer Schwester Gisela hörte sie dann auch einige Zeit später von dem anderen Erscheinungsbild Rosemaries. Als Gisela heiratete, hatte sie ihren Beruf aufgegeben, um ihrem Ehemann, einem jungen Anwalt, im Büro zu helfen. Mit ihm zusammen flanierte sie eines sonntags an der Hauptwache entlang, als ein schicker Mercedes neben ihnen stoppte und eine sehr gut gekleidete Frau fröhlich rief: »Frollein Heeeck! Sind Sie's wirklich? Wie geht es Ihnen!« Nach kurzen, etwas steifen Höflichkeiten hatte ihr Mann Gisela weitergezogen.

Durch ihre Erfahrung als Fürsorgerin im Frankfurter Bahnhofsviertel und im Heim war es Gisela Heck wichtig Hilfe zu geben, die über ihre Lebenszeit hinaus andauert. Zeitlebens war sie dem Familiengedanken von SOS-Kinderdorf verbunden. Und so gründete sie den »Gisela Maria Heck-Stiftungsfonds«, um gerade begabten, elternlosen Kindern, wie ihrer Meinung nach Rosemarie auch eines war, durch finanzielle Unterstützung eine Chance geben zu können, ihre Begabungen und Talente zu entwickeln und Perspektiven im Leben zu haben.

Ab ins Kloster

›Aufreizend‹ und ›frech‹ sei ihr Benehmen im Monikaheim in Frankfurt gewesen und sie habe dort angegeben, sie sei jetzt ›verlobt mit dem 39-jährigen Schweizer Leo Busch, der mit Geld handele und sie regelmäßig und ausreichend versorge. Außerdem arbeite sie jetzt als Mannequin.‹

1952 wird wieder einmal für Rosemarie ein Heimplatz gesucht. Das Juliaheim in Koblenz lehnt aber die Aufnahme Rosemaries sofort ab ›wegen ungünstigen Einflusses auf die anderen Heiminsassen.‹

So wird Rosemarie unter Aufsicht in das Kloster Maria Trost zu den Schwestern vom Guten Hirten nach Koblenz gebracht. Das Kloster war ein Erziehungsheim mit je einer Abteilung für schulentlassene Fürsorge- und Privatzöglinge. Es gehörte damals mit sechs anderen Erziehungsanstalten – unter anderem mit dem Erziehungsheim in Trier –, zu der Provinz Köln, in der die Kongregation der ›Guten Hirtinnen‹ mit insgesamt 1416 Schwestern und 4754 Zöglingen vertreten waren.

›Zweck der Genossenschaft ist neben der eignen Heiligung: sog. Büßerinnen, d.i. gefallenen oder verkommenen Mädchen und Frauen, den Weg zur Besserung und Rettung zu zeigen, sowie an verwahrlosten und sittlichen Gefahren ausgesetzten Mädchen und Kindern Jugendfürsorge zu üben.‹[46]

Irmgard: *»Meine Schwester war ja dann in Maria Trost. Ich durfte sie da ja nicht besuchen. Sie haben mich nicht zu ihr gelassen. Meine Schwester hat sich zum Beispiel geweigert, zu putzen. Sie hat sich gedrückt davor, wo es nur ging. Aber sie haben sie drangekriegt und da musste sie dann putzen, aber sie hat ein riesiges Theater gemacht und dann ist sie da schließlich auch ausgebrochen. Das war ein Heim für schwer erziehbare Mädchen! Meine Mutter war ja da auch mal gewesen.«*

Kloster Maria Trost

Laut Provinzialin Schwester M. Roswitha Wanke von den Schwestern vom Guten Hirten war die Mutter von Irmgard und Rosemarie 1944 als ›ledige Mutter mit mehreren unehelichen Kindern‹ vier Monate im Kloster Maria Trost gewesen. Es ist anzunehmen, dass es sich bei dieser Unterbringung um eine Pflegschaft handelte.

In dieser Erziehungsanstalt waren überwiegend leicht bis schwer erziehbare Mädchen untergebracht. Die Fürsorgezöglinge, in diese Kategorien eingeteilt, wurden deutlich sichtbar voneinander getrennt. Das soll so weit gegangen sein, dass die ›schwer Erziehbaren‹ den Gottesdienst nur auf der Empore hinter Gittern verfolgen durften, während die leichteren Fälle dem Gottesdienst unverstellten Blickes in einem Seitenschiff beiwohnten.

Das Kloster Maria Trost stand seit 1888 bis zu seiner Sprengung am 25.8.1988 an der Stelle des früheren kurfürstlichen Schlosses Schönbornslust. Auf dem Gelände ist heute ein Industriepark, in dem sich zahlreiche Computerfirmen niedergelassen haben.

Im Jahre 1895 wurde der Grundstein für eine Vergrößerung des Klostergebäudes gelegt, ›da die Zahl der Schutzbefohlenen ständig wuchs.‹ 1902 erfolgte die ›Überweisung der ersten rheinischen und nassauischen Fürsorgezöglinge.‹ Im Laufe der Zeit war noch eine zweite Abteilung notwendig, so dass 1906 die Grundsteinlegung für den Neubau der vierschiffigen Kirche, eines Schwesternhauses und Räumlichkeiten für die Kinder erfolgten. Die offizielle Einsegnung der Gebäude fand am 23. September 1907 statt.

Endstation Brauweiler

Rosemarie verbrachte drei Monate in Maria Trost, mit dem Stigma ›sie sei gerissen aber haltlos, erfahren in manchem, aber ohne Energie und sittliche Einsicht.‹ Und weil Rosemarie über 18 Jahre alt und für andere Erziehungsanstalten nicht mehr tragbar war, landet sie dort, wo Menschen seit jeher durch Arbeit erzogen werden: in der Provinzial-Arbeitsanstalt Brauweiler. Diesen Schritt hatte Schwester Paulina von den ›Armen Dienstmägden Jesu Christi‹ vorausgeahnt und befürchtet, als sie Rosemarie 1947 betreute.

Schwester Paulina: *»In der Fürsorge war das damals so: Wenn ein Mädchen von beiden Seiten belastet ist, also das heißt, wenn die Eltern nichts getaugt haben, dann landete das Mädchen nachher in Brauweiler. Da ist die Endstation, da kann man sie nicht mehr entlassen. Aber wenn das Mädchen nur von einer Seite belastet war, egal von welcher Seite, ob von Vater oder Mutter, da war noch was zu machen. Wenn die dann nachher einen guten Mann gefunden hat, der ihr Halt gegeben hat, ich habe noch einige Schülerinnen, die schreiben mir heute noch, da wird dann doch noch was Prächtiges daraus. Aber bei Rosemarie ist das eingetreten, was wir immer befürchtet haben. Sie hatte ein freundliches, gewinnendes Wesen, und doch haben wir manchmal gesagt: ›Mensch, das wird ja die reinste Hochstaplerin!‹ Aber warum wir das gesagt haben, weiß ich nicht mehr. Ich kann das nicht mehr begründen.«*

Bis zum Einmarsch der Franzosen ins Rheinland 1794 war die Abtei Brauweiler, westlich von Köln gelegen, eine Stätte von Kunst und Wissenschaft. Hier hatten Mönche Miniaturen gemalt und plastische Bildwerke geschaffen, die heute zu den wertvollsten Kunstdenkmälern im Rhein-Maas-Gebiet zählen. Napoleon zweckentfremdete die über 900 Jahre alte, ehemalige

Ehemalige Abtei in Pulheim-Brauweiler

Wachpersonal auf Fahrrad, 1967

Benediktiner-Abtei und richtete dort eine Bettleranstalt ein. 500 Landarme waren freiwillig in einer besonderen Abteilung untergebracht und spulten Garne für die Weberei. Mit der Übernahme der Rheinlande durch Preußen blieb die Bettleranstalt bestehen, nannte sich aber fortan Arbeits-Anstalt (Preußische Provinzialkorrektionsanstalt). Wegen der starken Belegung in den darauf folgenden Jahren wurden neue Gebäude errichtet, 1833 das Anstaltslazarett (abgerissen), 1864 das Frauenhaus (heute Bürohaus), 1881 die Weberei (1980 abgerissen) 1884 das Maschinenhaus (heute Wäscherei), 1897 das Arresthaus (abgerissen) und um die Jahrhundertwende neun Beamtenwohnhäuser an der Donatusstraße und an der Straße Auf der Insel.

In der Zeit des Nationalsozialismus diente ein Teil der Anstalt, das sogenannte große Zellengebäude, als Gestapogefängnis. 1944 waren hier der Kölner Oberbürgermeister und spätere Bundeskanzler Konrad Adenauer und seine Frau zwei Monate inhaftiert.

Nach dem Einmarsch der Amerikaner hat die Arbeitsanstalt bis Mai 1950 zur Unterbringung von verschleppten Ausländern (sogenannten displaced persons) gedient, um dann vier Jahre später unter der Bezeichnung Rheinische Landesarbeitsanstalt die Erziehung von ›menschlichem Strandgut‹ fortzusetzen. Nach der umfassenden Strafrechtsänderung im Jahre 1969 wurde die Anstalt zu einer Klinik für Psychiatrie und Neurologie, die bis Ende der 1970er Jahre existierte. Die historischen Gebäude mit sämtlichen späteren Zubauten wurden der Kulturverwaltung des Landschaftsverbandes Rheinland zur Nutzung übergeben. In den Gebäuden befinden sich seitdem das Rheinische Amt für Denkmalpflege und das Rheinische Archiv- und Museumsamt.

Anfang der 1950 Jahre, als Rosemarie in die Arbeitsanstalt überstellt wird, ist dort nach wie vor das wichtigste Erziehungsmittel zur ›Wiedereingliederung in die Gemeinschaft des Volkes‹ ›Arbeit‹ und ›Ordnung‹, obwohl man sich eigentlich in der Nachkriegszeit von der früher üblichen Erziehungsmethode, die sich nicht sehr vom Strafvollzug unterschieden hatte (Arbeit als Strafe und Zuchtmittel), lösen wollte. Man sah sich nicht mehr als ›Arbeitsanstalt‹ sondern als ›Arbeitserziehungsanstalt‹[47].

Und so lautete das Ziel: »Um eine wirkliche Arbeitserziehung sicherzustellen, ist es erforderlich, jeden einzelnen Insassen soweit als möglich seinen Anlagen und Fähigkeiten entsprechend zu beschäftigen und ihn soweit zu fördern, dass er sich bei Beendigung des Anstaltsaufenthaltes aufgrund der erworbenen Kenntnisse und Fertigkeiten im Arbeits- und Wirtschaftsleben behaupten kann.«[48]

Für Mädchen und Frauen sah diese Förderung so aus, dass sie ›in Betrieben, die eigens für sie eingerichtet sind und die dem besonderen Charakter einer Frau entsprechen‹ ausgebildet werden. ›In der Weberei mit ihren 30 vollelektrischen Webstühlen können sie sich nicht nur zur perfekten Weberin ausbilden, die später in jeder Weberei voll einsatzfähig ist, sondern es wird darüber hinaus an den Handwebstühlen ihr Sinn für das Schöne und Edle des Kunsthandwerks entwickelt. In der großen Näherei erlernt nicht nur jede das, was sie als zukünftige Hausfrau und Mutter an der Nähmaschine können muss, sondern viele haben darüber hinaus die Möglichkeit, an den elektrischen Spezialmaschinen alles zu lernen, was sie als Näherin in der Fabrik leisten müssen. Ähnlich ist es in der Wäscherei, der Bügelstube und in der Kochlehrküche. Nebenbei erlernen sie alle anderen im Haushalt vorkommenden Arbeiten.‹[49]

Die Anstalt bot neben den oben genannten, noch folgende Arbeits- und Ausbildungswerkstätten: eine Buchdruckerei, Korbmacherei, Schlosserei, Schuhmacherei mit Sattlerei, Tütenkleberei, Mattenflechterei, Schneiderei, Kistennaglerei, eine Ziegelei und eine 120 Morgen große Landwirtschaft mit Vieh. Die ganze Anstalt war mit ihrem 70 Hektar großen Areal faktisch eine Fabrik, in der sämtliche Berufssparten gelernt oder angelernt werden konnten. Die meisten Betriebe mit Lehrwerkstätten und Meistern arbeiteten für den Bedarf der Anstalt, belieferten aber darüber hinaus noch die Einrichtungen des Landschaftsverbandes und setzten ihre Erzeugnisse zum Teil auch auf dem freien Markt ab. So wurden von den Insassinnen in der Wäscherei nicht nur die Anstaltswäsche gewaschen, sondern auch die Aufträge von rund 1300 auswärtigen Kunden erfüllt. Alle Insassen erhielten eine Arbeitsprämie von täglich 35 Pfennigen, die auf das persönliche Konto eingezahlt wurden. In ihrer Freizeit durften sie dann ein bisschen davon abheben und ausgeben (sog. Hausgeld), der Restbetrag (sog. Rücklage) wurde ihnen bei der Entlassung ausgehändigt. Davon musste die Reise und der Proviant bezahlt werden, aber auch Kleidung, zahnärztliche und andere fachärztliche Kosten. Im Verwaltungsgebäude war eine Angestellte ausschließlich damit beschäftigt, die Konten zu ordnen.

Die Arbeitsanstalt bestand aus 7 Abteilungen: einem Altersheim, einer Kinderstation, einer Trinkerheilstätte, dem Provinzial-Erziehungsheim Dansweilerhof (speziell für männliche Fürsorgezöglinge), je einem Arbeitshaus für Männer und Frauen – dies war auch der größte Teil der Anstalt –, und schließlich dem Frauenheim Freimersdorf. In das Arbeitshaus konnten solche Frauen eingewiesen werden, die beispielsweise in Sperrbezirken von Großstädten oder in Gemeinden unter 20.000 Einwohnern öffentlich der gewerbsmäßigen Unzucht nachgegangen waren. Im Frauenheim befanden sich verwahrloste Frauen, die unter anderem wegen Bettelei und Landstreicherei verurteilt worden waren, deren Strafe aber unter der Bedingung ausgesetzt wurde, dass sie freiwillig für eine gewisse Zeit in diese Anstalt gingen. Hinzu kam noch ein Personenkreis, den es vor 1950 noch nicht gegeben hatte und der auf den Insassenakten mit dem Vermerk ›zwangsbehandelt‹ geführt wurde. Es waren geschlechtskranke Frauen und Mädchen, die von den Gesundheitsämtern zu einer sechswöchigen Zwangskur eingewiesen worden waren.

Die Stadt Brauweiler litt unter dem schlechten Ruf, den ihr die Arbeitsanstalt einbrachte. Bedingt einmal durch die Anstaltsinsassen (Kriminelle, Trinker, Prostituierte, Landstreicher, Arbeitsscheue, Geschlechtskranke, Fürsorgezöglinge, Bettler) und später durch die zum Teil skandalösen Verhältnisse und Erziehungsmethoden der Anstalt, über die Mitte der 60er Jahre verstärkt in der Presse berichtet wurden. Man argumentierte bei der Namengebung der verschiedenen Gebäudeteile damit, dass ›bestimmte Frauen und Mädchen‹ sich nur dann zu einer Therapie in der Anstalt entschlössen, wenn der Name Brauweiler nirgendwo in den Papieren stünde. Und so benannte man die verschiedenen Abteilungen einfach nach den umliegenden Ortschaften (Freimersdorf, Dansweiler), um von Brauweiler selbst ein bisschen abzulenken. Dabei befanden sich alle Abteilungen auf dem großen Gelände der Anstalt und die Insassen mischten sich spätestens – zwar nach Geschlechtern getrennt –, bei der Arbeit in den gleichen Werkstätten. So kamen zum Beispiel weibliche Häftlinge mit Fürsorgezöglingen und Trinkerinnen zusammen.

»Wenn auch zugegeben werden muss, dass die Verbindung zwischen Arbeitsanstalt und Fürsorgezöglingen nicht glücklich ist, so muss doch dabei berücksichtigt werden, dass der inneren Haltung und Mentalität entsprechend zwischen den einzelnen Personengruppen kein wesentlicher Unterschied besteht, sondern im Gegenteil (...).die Frauen in Freimersdorf (...) wesentlich größere Anforderungen an das Erziehungspersonal stellen als die Korrigenden.«[50] ›Korrigenden‹ sind ›die zu Bessernden‹. So wurden die männlichen und weiblichen Insassen des Arbeitshauses genannt.

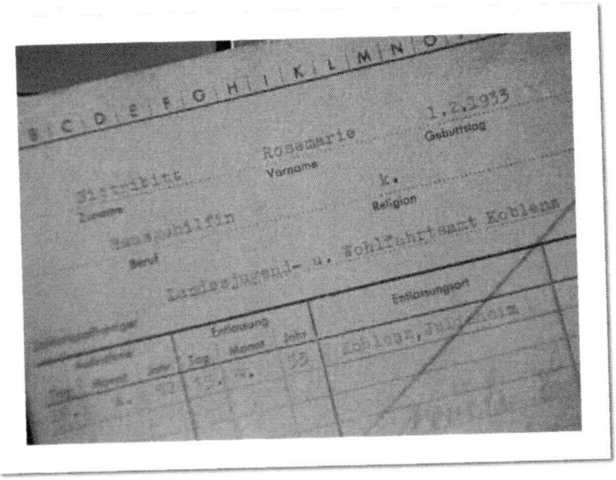

Rosemaries Meldekarte

Als Rosemarie der Arbeitsanstalt im April 1952 überstellt wird, steht auf ihrer Akte (die auf geheimnisvolle Weise zu Anfang der 60er Jahre ›verloren‹ gegangen ist) die Bezeichnung: ›BH 180‹. Rosemarie Nitribitt wird als Bezirkshilfsbedürftige eingewiesen, eine Klassifikation, die sowohl Rückschlüsse auf den Kostenträger (Landesjugend- und Wohlfahrtsamt Koblenz), als auch den Einweisungsgrund zulässt. Rosemarie ist demzufolge nicht von einem Gericht zu einer Haftstrafe und zu deren Verbüßung in Brauweiler verurteilt worden. Sie muss deshalb auch keine ›Korrektionale Nachhaft‹ über sich ergehen lassen, was bedeutet hätte, dass sie im Anschluss an die Haftstrafe einen festgelegten Zeitraum in der Arbeitsanstalt zur ›charakterlichen Korrektur‹ hätte verbringen müssen.

Das Frauenheim Freimersdorf der 50er Jahre hatte eine Hausordnung, die zwar humaner war als frühere, aber der Persönlichkeit und Individualität der Insassen kaum entgegenkam. Die sollten durch eine ›streng geregelte gesunde Lebensweise, durch individuelle körperliche und geistige Arbeit und durch erzieherische Einwirkung aller Art‹ zu einem ordnungsmäßigen, arbeitsamen und sittlichen Lebenswandel erzogen werden.

Rosemarie kommt in eine Einzelzelle des Frauenheimes Freimersdorf. Um 6 Uhr früh ist die Nacht zu Ende. In der soliden, einheitlichen Baumwoll-Arbeitskleidung mit Kittelschürze geht sie, nachdem sie ihre Zelle und ihr Bett in Ordnung gebracht hat, um 7.15 Uhr in die Tütenkleberei. Mit der Mittagspause dauert ihr Arbeitstag bis um 17.30 Uhr, 9 1/4 Stunden, 46 Wochenstunden insgesamt. Bis 20.30 Uhr ist Freizeit, in der geraucht (nur bei ›bewiesenem Fleiß und guter Führung‹ § 17 der Hausordnung), Zeitung gelesen oder eine Kleinigkeit an Lebensmitteln oder Kosmetika gekauft werden dürfen. Dann schließt die Aufseherin die Zellen und dreht für alle um 21 Uhr das Licht aus. Schlafenszeit.

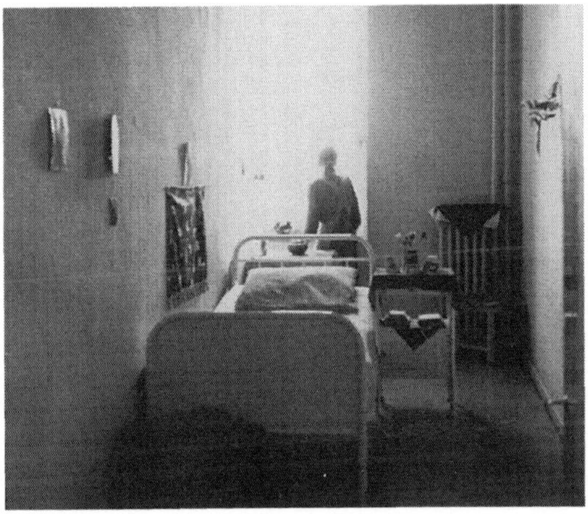

Brauweiler der 1950er Jahre: Frau in Einzelzelle

Rosemarie wehrt sich gegen all diese Regeln, Maßnahmen, Aufforderungen, Befehle, gegen das sackartige, blaue Kleid, gegen die stumpfsinnige Arbeit, gegen das Eingesperrtsein. Zu ihren Mit-Insassinnen will sie keinen Kontakt. Die Aufseherinnen und der Anstaltsleiter nehmen ihr Verhalten zur Kenntnis – doch hier kennt man sich aus mit ›ihresgleichen‹, man weiß sie ›in Zucht zu halten‹. Rosemarie fügt sich in ihr Schicksal, wie alle anderen auch. ›Auffallen‹ heißt hier Strafe. Und wer dazu noch gegen die 27 Paragraphen umfassende Hausordnung verstößt, bekommt sofort Vergünstigungen wie z. B. den monatlichen Besuch oder den Arbeitslohn gestrichen. Besonders hart bestraft wurde, wenn man die Arbeit verweigerte oder dabei nachlässig war. Dann drohte die Unterbringung bis zu acht Tagen in einer Isolierzelle oder eine Verlängerung der Anstaltszeit bis zum Doppelten der ursprünglich festgesetzten Zeit. Die Arreststrafen konnten noch durch den Entzug des Bettlagers – § 7b – und durch die Entziehung der Kost – § 7c – verschärft werden.[51]

Aufenthaltsraum mit Privatschrank rechts hinten

Rosemaries einziger Besitz ist ein Spind im Privatschränkchen des Aufenthaltsraumes. Dort bewahrt sie etwas zu Essen und ein paar Zigaretten auf.

Spindtür des Privatschränkchens. Die Schreibweise des Namens »Nittribitt« auf dem Türschild ist falsch; die Tür wird heute noch in der Schreinerei aufbewahrt.

Rosemarie zieht sich in sich zurück, was Anstaltsleiter Direktor Corsten verwundert, denn er weiß, dass Rosemarie nicht dumm ist. Er berichtet über das Verhalten seiner ›haltlosen Schützlinge‹, dass sie »oft genug die unmöglichsten Dinge anstellen, um sich den Erziehungsmaßnahmen zu entziehen und aus der Anstalt zu entweichen. So versuchen es manche Mädchen mit Toben, Schreien und Ausnahmezuständen, in denen sie das ganze Mobiliar ihres Aufenthaltsraumes zerschlagen in der Hoffnung, auf diese Weise in eine Landesheilanstalt zu kommen und von dort in kurzer Zeit entlassen zu werden.«[52]

Über Rosemarie muss der Direktor der Provinzial-Arbeitsanstalt Brauweiler dem Landeswohlfahrts- u. Jugendamt Koblenz am 29.8.1952 aber mitteilen:

»Oben genannte Jugendliche ist gemütsarm und interesselos. Sie macht keine besonderen Schwierigkeiten, andererseits ist aber kaum etwas an sie heranzubringen. Ihr ganzes Sinnen und Trachten geht dahin: ›Wie komme ich hier schnellstens heraus‹. Aus diesem zweckbedingtem Grunde reißt sich Rosemarie zusammen. Das Arbeiten fällt ihr schwer. Sie ist bequem und ungeschickt. Von den anderen Mädchen wird sie abgelehnt, da sie unfreundlich und schroff zu ihnen ist. In den ersten zwei Monaten ihrer Unterbringung in dem der hiesigen Anstalt angeschlossenen Frauenheim Freimersdorf, Abtlg. für jüngere Mädchen, war sie in der Tütenkleberei beschäftigt. Hier war ihre Leistung mangelhaft. Dir. Heinrich Corsten«

Auch Corsten interpretiert Rosemaries Haltlosigkeit (wie bei den meisten seiner Insassen) als »zweifelsohne anlagebedingt und sozusagen angeboren, dazu kommen noch Milieuschäden während der Kinder- und Jugendzeit, meist infolge des Versagens des Elternhauses.«

Weberei

Nach etwas mehr als zwei Monaten Tüten kleben lässt Corsten Rosemarie am Webstuhl arbeiten.

»In den letzten Wochen ist eine geringe Aufwärtsentwicklung zu verzeichnen. Sie zeigt etwas mehr Interesse an der Arbeit. Rosemarie wird den anderen Mädchen gegenüber zugänglicher. Seit Juli arbeitet sie in der Weberei. Dort ist die Leistung durchschnittlich genügend. Zusammenfassend kann gesagt werden, dass bei Rosemarie ein kleiner Erziehungserfolg zu verzeichnen ist. Ich hoffe, bei längerer straffer Führung die Ansätze weiter entwickeln zu können. Dir. Heinrich Corsten«

Corsten war am 4. Januar 1951 mit 39 Jahren zum offiziellen Leiter der Arbeitsanstalt ernannt worden. Im Düsseldorfer Sozialministerium wollte man einen Neuanfang nach dem Krieg mit einem ausgebildeten Psychologen versuchen, um das Ansehen der Anstalt aufzupolieren. Denn bis auf wenige Ausnahmen standen die Anstaltsdirektoren von Brauweiler seit 1890 wegen Machtmissbrauchs, verfehlter Amtsführung, aber vor allem wegen der Behandlung der Insassen (mit Zwangsjacken, Mundbinden, Arrestzellen, Prügelstrafen, Nahrungsentzug) im Feuer öffentlicher Kritik. Mit Corsten sollten die Skandale in Brauweiler jedoch kein Ende nehmen. Sein geringstes Vergehen ist wohl Betrug, Untreue und Urkundenfälschung im Amt. Dafür wurde er 1958 zu fünf Monaten Gefängnis auf Bewährung und zu einer Geldstrafe von 600 DM verurteilt.[53]

Ein Vorfall im Oktober 1953 (Rosemarie, 19 Jahre alt, war vom 16. April 1952 bis zum 15. April 1953 in Brauweiler) sollte jedoch die Anstalt wieder in die Schlagzeilen und Diskussion bringen. Anlässlich eines Besuchs von nordrhein-westfälischen Landtagsabgeordneten wurden bei einem Rundgang durch die Anstalt »Zustände wie im Mittelalter« festgestellt. So war ein 19-jähriges Mädchen achtmal in die abgedunkelte Isolierzelle gesteckt worden. Zuletzt hatte sich das Mädchen die Pulsadern aufgeschnitten. Ein 21-jähriges Mädchen lag in der Bunkerzelle auf einem Strohsack wegen unerlaubten Pfeifens (Verstoß gegen die Hausordnung § 2, Absatz 3). Ein 18-jähriges Mädchen war in Einzelhaft auf unbefristete Zeit eingesperrt. Sie hatte aus lauter Verzweiflung Stecknadeln geschluckt.

Von den Politikern angesprochen auf diese unverhältnismäßig harten Strafen gab Direktor Corsten vor, er wisse von nichts, auch nicht von der unbefristeten Einzelhaft. Das erfahre er immer erst einen Monat später in seinem Monatsbericht.[54]

Tatsächlich steht aber in der Hausordnung § 20: »Die Hausstrafen werden vom Direktor festgesetzt. Sie werden in ein Strafbuch eingetragen.«

Und § 24, Absatz 1: »Eine aus erzieherischen Gründen notwendige Absonderung wird von dem Direktor oder seinem Stellvertreter schriftlich angeordnet.«

Zynisch muten daher die Bemühungen der Anstaltsleitung an, als sie Weihnachten 1953 eine öffentliche Feier veranstaltet, zu der die gesamte Brauweiler Bevölkerung und wohlmeinende Journalisten eingeladen werden. Jugendliche Zöglinge gestalten das Programm. Sinn und Zweck war, die Wogen, hervorgerufen durch die vorangegangenen Skandale, wieder zu glätten.[55]

Aber auch die seit Anfang der 1950er Jahre eingeführten kulturellen Angebote für die Insassen, wie die sonntägliche Kinovorstellung, Liederabende mit Brauweiler Chören oder das Fußballspiel gegen Vereine der Umgebung, täuschten nicht über die Zustände und die alten Anstaltsmethoden hinweg.[56]

Als Corsten im April 1956 durch Rudolf Müller in der Anstaltsleitung ersetzt wird, hat Rosemarie schon längst ihr ›Geschäft‹, dessen eigentliche Ware sie selber war, in Frankfurt etabliert.

Rosemarie hatte in Brauweiler, unter Trinkerinnen, Geschlechtskranken und Kriminellen die Prüfung ihres Lebens gemacht. Hier ist sie hart und abgebrüht geworden. Ihr starker Wille, hier ungebeugt herauszukommen und es irgendwann einmal gut zu haben, gaben ihr die Kraft, sich dem Anstaltsleben unauffällig anzupassen. Zuletzt soll Rosemarie sogar in der kleinen Küche am Südende des Frauenhauses gearbeitet haben. Diese kleine Küche im Hochparterre ist die Personalküche der Aufseherinnen gewesen.

Noch bevor sich Mitte April 1953 hinter Rosemarie die schwere Eisentür der Arbeitsanstalt Brauweiler schließt, steht schon fest, dass sie weder in Freiheit noch in eine Arbeitsstelle vermittelt werden wird. Sie steht immer noch unter der Obhut des Kreisjugendamtes Mayen. Rosemarie kommt zum zweiten Mal in das Juliaheim in Koblenz, Kurfürstenstraße 87. Wie lange sie dort bleibt, ob sie vorher wieder ausgerissen und eingefangen wurde, ist nicht mehr nachvollziehbar. Am 6. Juli 1953 ist sie jedenfalls in der Burdengasse 3 in Boppard gemeldet. Die Arbeitsanstalt Brauweiler hatte dort eine Abschiebestelle.

Auf eigenen Füßen

Am 14. August 1953, Rosemarie ist noch keine 21 Jahre alt, wird die gerichtlich verfügte Fürsorgeerziehung vorzeitig, aber endgültig, aufgehoben. Rosemarie zieht nach Frankfurt, zunächst ins Nordend, Palmstraße 13, später ins Westend, Eschersheimer Landstraße 11. Sie verdingt sich nicht nur als Prostituierte, sondern auch als Tisch- und Bardame in der »Künstlerklause«.

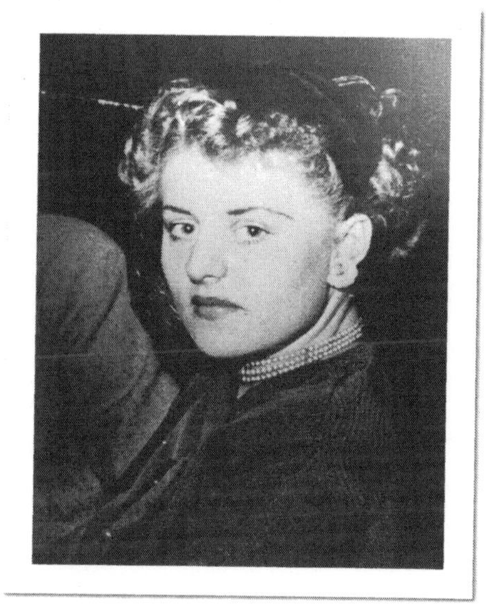

Rosemarie, etwa 1954

Rosemarie arbeitet zielstrebig an ihrer Karriere. Sie will Geld haben und unabhängig sein, das Gegenteil ihrer Kindheit. Das Schäbige und Kleinliche, den ganzen Kleinstadtmief will sie nie wieder erleben. Zufällig lernt sie den, 1894 in Istanbul geborenen, reichen älteren Industriellen Michel Matous kennen. Rosemarie und Michel werden Freunde. Mitte März 1955 fährt Rosemarie mit ihrer damaligen Freundin Irene W. nach San Remo. Dort treffen sie mit Michel und einem seiner Geschäftsfreunde zusammen und verbringen gemeinsam ein paar schöne Tage. Aber noch während des gemeinsamen Urlaubs erliegt Matous einem Herzschlag. Rosemarie und Irene verlassen San Remo am 23. März und Rosemarie schlägt sich wieder als Prostituierte durch, »ohne sich jedoch der Aufsicht des Gesundheitsamtes zu unterstellen«[57]. Mit dem Geld, das sie verdient, bestreitet sie nicht nur ihren Lebensunterhalt – wobei sie beim Essen und Trinken recht anspruchslos gewesen sein soll –, sondern sie spart kräftig für die Zukunft. Nüchtern und vielfach geizig verfolgt Rosemarie ihr Ziel. Niemals gibt sie wahllos ihr Geld aus, sie überlegt, plant und prüft sorgfältig jeden Kauf. Sie hebt ihren Verdienst zunächst in ihrer Handtasche oder in einer Kassette im Wohnzimmerschrank auf. Sammeln sich 10.000,00 DM an, zahlt sie das Geld auf ihr Sparkonto ein oder bringt es in ihrem Safe unter. Zahlungsverpflichtungen kommt sie sofort und in bar nach – gleichgültig, um welche Summe es sich handelt.

Im Herbst 1955 lässt Rosemarie sich durch eine Frankfurter Firma eine Wohnung in der Stiftstraße 36 vermitteln, nahe des Eschenheimer Turmes. Als Baukostenzuschuss zahlt sie 4960,00 DM. Die monatliche Miete für die aus Wohn -und Schlafzimmer, sowie Flur, Küche und Bad mit WC bestehende Wohnung, beträgt 160,00 DM zuzüglich Nebenkosten[58].

Rosemarie lernt im Jahre 1954 zufällig den Handelsvertreter Heinz Christian Pohlmann in einer Bar kennen. Pohlmann, 33 Jahre alt – nach eigener Aussage bis 1950 eher homosexuell, dann bisexuell[59] veranlagt – und Rosemarie verbindet bald ein freundschaftliches Verhältnis miteinander. Sie besuchen zusammen Kinovorstellungen im MGM und im Gloria auf der Kaiserstraße, sie erledigen gemeinsam Einkäufe und gehen häufig ins Stammlokal Pohlmanns, die ›Barbarina -Bar‹ in der Kleinen Bockenheimer Straße. Pohlmann besucht Rosemarie auch später öfter nachmittags in ihrer Wohnung Stiftstraße 36 und sie nennt ihn bald nur noch ›Peter‹[60].

Doch bevor sie Anfang 1956 in ihr neues Appartement zieht, lebt sie bescheiden in der Frankfurter Pension Noell, Feuerbachstraße 30, eine gepflegte kleine Wohnstraße im Frankfurter Westend. Natürlich ist hier Herrenbesuch verboten. Und Rosemarie hält sich auch daran.

Ein kurzzeitiger Mitbewohner in der Pension Noell war William (Bill) McCreery Ramsey, hierzulande als ›Schlagerclown‹ durch seine Hits ›Souvenirs,Souvenirs‹ oder ›Pigalle‹ oder ›Zuckerpuppe‹ berühmt geworden. Obwohl man es seiner Stimme anhören kann, ist weniger bekannt, dass Bill Ramsey, am 17. April 1931 als Sohn eines Werbemanagers und einer Lehrerin in Cincinnati/Ohio geboren, seine musikalischer Laufbahn als Jazzsänger begonnen hat. Schon mit 10 Jahren hörte der kleine Bill zu Hause die Swing-Platten seines Vaters ab und spielte auf dessen Flügel den populären Boogie-Woogie. Noch als Schüler verdiente er sich erstes eigenes Geld als Jazzsänger. Entgegen aller Erwartungen schrieb er sich 1949 an der Universität jedoch nicht in Musik, sondern in Soziologie und Wirtschaftswissenschaften ein. Nebenbei sang er in Tanzlokalen. Während des Korea-Krieges wurde er 1951 als Wehrpflichtiger eingezogen und kam im Sommer 1952 mit der US Air Force auf die Frankfurter Rhein-Main-Base. Ramsey wurde als Showtalent, nachdem er eine Reihe von Talentwettbewerben auf Air Force Basen gewonnen hatte, nicht an die Front nach Korea geschickt, sondern konnte mit Eddie Fischer eine Truppenbetreuungstournee durch Europa und Nordafrika machen. Ab Herbst 1953 war er nicht mehr auf der Rhein-Main AFB, sondern arbeitete als Chefproduzent des Soldatensenders AFN-Frankfurt (American Forces Network). Er organisierte ›Jazz At The Philharmonics‹-Konzerte und traf sich mit den deutschen Jung-Jazzern Albert und Emil Mangelsdorff, Joki Freund, Atilla Zoller, Jutta Hipp und den damaligen Jazz-Interpreten Paul Kuhn und Hans (James) Last im Frankfurter Jazzkeller. Nebenher trat er als ›Entertainer‹ in amerikanischen Klubs auf und hatte Zeit für zwei vom Militär veranstaltete Tourneen, die erste mit Eddie Fisher, dann mit Raymond Burr (›Perry Mason‹ / ›Der Chef‹). 1954 war er der erste amerikanische Jazzsänger bei einem deutschen Jazzfestival in Frankfurt. Ramsey († 2021) sagte einmal, er sei damals als Amerikaner in der Jazzszene sofort akzeptiert worden. Das Bild von den Vereinigten Staaten habe sich, allein schon wegen der Care-Pakete und des Marshallplans, allmählich gewandelt. Die Amerikaner seien als wohlmeinende Sieger betrachtet worden.

Bill Ramsey, 1954

Im April 1955 wurde Bill Ramsey aus dem Wehrdienst entlassen und setzte sein Studium an der Goethe-Universität in Frankfurt fort. Er hatte zunächst nicht viel Geld und angesichts der Wohnungsnot war er froh, eine vorübergehende Bleibe bei Frau Noell zu bekommen.

Bill Ramsey: *»Also die Wohnung war so aufgeteilt: in den vorderen zwei Zimmern der Wohnung wohnte ein Ehepaar. Ich hatte die Zofenkammer, das war ein winziges kleines Zimmer und im großen Schlafzimmer wohnte Rosemarie Nitribitt. Frau Noell schlief in ihrer Küche. Ich kannte Rosemarie nur von dieser Wohnung. Wir hatten ein Bad mit einem WC und das war manchmal eineinhalb Stunden zu, weil Rosemarie sich geschminkt hat. Das hat uns schon manchmal geärgert.*
Dann stand das schwarze Telefon im Flur und sie führte sehr lange Telefongespräche, und jeden, der vorbei wollte, um ins Bad oder in die Küche zu kommen, den beschimpfte sie so, als hätte man die Absicht gehabt, zu lauschen.
Und dann weiß ich noch, dass meine Salami, mein Bier und mein Hering, den ich gekauft hatte, nicht mehr im Kühlschrank waren. Das wiederholte sich und da habe ich mich beschwert bei Frau Noell und sie sagte zu mir: ›Ja, sie hat sich deine Sachen einfach genommen, aber ich regle das mit ihr.‹ Rosemarie war aber sonst freundlich zu uns allen. Ich bin aus allen Wolken gefallen, als ich später hörte, wer sie war und mit wem ich da zusammengewohnt hatte. Ich hatte nicht den geringsten Verdacht, die geringste Ahnung!«

Bill Ramsey brach sein Studium in Frankfurt ab, um es in Cincinnati weiterzuführen. Erst im März 1957 kam er wieder nach Frankfurt und lebte von Club-Auftritten und Jazzkonzerten. Beim 5. Deutschen Jazz-Festival in Frankfurt 1957 war er mit den ›The Two Beat Stompers‹ zu hören. Das Studium hatte er endgültig an den Nagel gehängt. Er wurde mit seinen lustigen Popsongs berühmt, machte als Moderator auf sich aufmerksam, erschien in ungezählten Shows, in Filmen, produzierte etliche Platten.

Aber auch als Jazzinterpret stand er in hohem Alter noch auf der Bühne, etwa für ein Konzert zu seinem 85. Geburtstag im Hamburger St.-Pauli-Theater. Die Hansestadt war schon lange zu seiner Wahl-Heimat geworden. Dort lebte Ramsey, der 1984 die deutsche Staatsbürgerschaft erhielt, bis zu seinem Tod zusammen mit seiner vierten Ehefrau und Managerin, der Ärztin Dr. Petra Bock-Ramsey, in einer Wohnung mit Blick auf die Elbe.

Zimmerwirtin Frau Noell, Mitte 60 und Teilhaberin eines Kaffeegeschäftes, war für Rosemarie so etwas wie eine Ersatzmutter. Wenn Rosemarie Kummer hatte, dann konnte sie sich ihr anvertrauen. Auch als Rosemarie auszog, riss der Kontakt zu Frau Noell nicht ab. Sie soll Rosemarie sogar bei der Einrichtung ihres neuen Appartements ›künstlerisch‹ beraten haben. Kurz vor dem gewaltsamen Tod hat Rosemarie Frau Noell in großer Angst um eine Unterredung gebeten, die aber nicht stattfand, weil die Zimmerwirtin verreisen wollte.[61]

Irmgard sagt, Frau Noell habe auch dafür gesorgt, dass immer etwas von Rosemaries Geld nach Mendig geschickt wurde. Elise Klein, die Pflegemutter Irmgards, besuchte Rosemarie auch mal in der Feuerbachstraße. Sie wollte wissen, wie es Rosemarie ging, wie sie zurechtkam, wie sie wohnte. Rosemarie sagte ihr, dass sie als Bedienung ihr Geld verdiene und dass es ihr gut gehe in der Großstadt. Trotzdem riss ihre Verbindung nach Niedermendig nie ab. Es war ihre Heimat und dort wohnte ihre Familie. Dass sie es zu etwas gebracht hatte, das möchte sie auch allen Zuhause in der Eifel zeigen.

Mitschüler Friedrich Laubenthal: *»Sie ist dann später in den 1950ern hier aufgetaucht mit einem dicken Auto. Das war aber nicht das flotte Cabrio, das wir später bestaunt hatten. Es war ein Opel Kapitän[62]. Und das war damals schon was. Aber so ein Opel Kapitän, der hat Geld gekostet, und niemand im Dorf hatte hier viel Geld. Soviel Geld, dass er sich so was leisten könnte. Und dann kam sie, dass muss aber schon eher 1957 gewesen sein, mit dem Mercedes Cabrio. Das war natürlich noch eleganter. Und damit ist sie zu ihrer Schwester auf den Rulandshof gefahren.«*

Irmgard ist verheiratet und wohnt mit ihrem Mann und ihren zwei Kindern sehr beengt immer noch bei den Kleins auf dem Bauernhof.

Irmgard: *»Wie meine Kinder noch so klein waren, da kam sie gerne von Frankfurt nach Mendig hochgefahren und hat bei uns gut gefrühstückt. Besonders gerne hat sie Zungenwurst und Blutwurst gegessen, aber nie zu viel, sie hat sehr auf ihre Figur geachtet.«*

Rosemarie liebt die Kinder ihrer Schwester. Immer, wenn sie ins Eifelstädtchen kommt, bringt sie eine Überraschung für ihre Nichte und ihren Neffen mit.

Irmgard: *»Sie war ja ganz jeckig mit meinen Kindern. Für meinen Sohn Hans und meine älteste Tochter hat sie Fahrrädchen gekauft und Kleidung.«*

Und wenn Rosemarie mal nicht zu Irmgard fahren konnte, vergaß sie die Schwester trotzdem nicht und unterstützte sie, wo sie nur konnte.

Irmgard: *»Meine Schwester hat mir immer Pakete geschickt mit Sachen. Und immer Geld. Ich habe meine Schwester immer angerufen. R-Gespräch. Hat meine Schwester immer bezahlt. Von Frankfurt, was sie da so genau machte, oder den Heimen, hat sie aber nie gesprochen. Sie wollte immer nur wissen, wie es mir geht, wie es den Kindern geht. Und wenn sie mit dem Opel oder dann mit dem Mercedes zu uns gefahren kam, da haben sie alle gegafft! Da hab' ich die Niedermendiger dann reden hören: ›Bohär hat dat Rös dann dat ville Jeld her? Dat hat dee doch net ehrlech verdeent?‹«*

Nachbarin[63]: *»Es war ein armes Ding. Und ganz schlecht war sie auch nicht. Hat auch immer von ihren Kleidern hier verschenkt. Das hat die Maria*[64] *mir doch erzählt.«*

Niedermendig ändert allmählich sein Gesicht. Der Bauboom setzt ein. Bürgermeister und Bevölkerung feiern Richtfest. Die Besatzungssiedlung für die Franzosen, die St. Barbara-Straße mit Casino und eigenem Geschäft ist fast fertig.

Bau der Wohnsiedlung St. Barbara-Straße für die französische Besatzung, 1954

Heute wohnen dort Soldaten und Heeresflieger der Bundeswehr, die die französische Besatzung 1957 ablösten. Der erste Transporthubschrauber der Bundeswehr, Vertol H 21 (fliegende

Banane), landet aber erst im Juli 1958 auf dem Flugplatz. Seitdem gehören diese und andere Flugzeugtypen und ihre Motorengeräusche zum Niedermendiger Alltag.

Flugplatzfeier in Mendig

Niedermendig bekommt auch die neue Volksschule, wie sie in den 30er Jahren schon geplant war. Und sie wird nach dem im KZ verstorbenen Pfarrer Bechtel genannt: die ›Pfarrer-Bechtel-Schule‹. Das alte Schwimmbad aus Kindertagen hat endgültig ausgedient, es entsteht ein modernes, großes Freischwimmbad. Die Tennisplätze, die die Franzosen noch angelegt hatten, werden erweitert und erneuert, und Pfarrer Mutsch, der neue Seelsorger der Gemeinde, beginnt mit dem Ausbau des Krankenhauses. Die alte St. Cyriakus-Kirche wird renoviert und nach dem Neubau einer Sakristei mit dem im 19. Jahrhundert errichteten Gotteshaus verbunden. Wieder einmal bekommt der Turm neue Glocken.

Rosemarie hängt nach wie vor an ihrer Pflegemutter. Als Anna Maria Elsen am 15. Juni 1955 stirbt, ist Rosemarie sehr traurig und plant, das Haus zu kaufen, aber nicht nur für sich allein.

Nachbarjunge Adolf Bous: *»Als die Frau Elsen starb, da kam sie noch mal hier an. Sie wollte das Haus kaufen. Für ihre Schwester, für Irmgard. Und Rosemarie wollte dann ein Zimmer für sich behalten, damit sie darin schlafen könnte, wenn sie zu Besuch hier her käme. Sie hatte damals aber nicht genug Geld, um das Haus zu kaufen. Von wegen Mords-Vermögen hinterlassen! Soviel, wie in der Zeitung stand, hatte sie nicht. Sie hatte ja die Eigentumswohnung in Frankfurt. Dadurch hatte sie kein Geld mehr über. Sie sagte zu mir: ›Ich hab‹ noch 7000 Mark über!‹ Und das hatte ja nicht gereicht.«*

Irmgard: *»Meine Schwester hatte ja damals das Erstkauf-Recht auf das Haus von Elsens. Sie war damals bei uns und sagte: ›Das machen wir. Ich kaufe das Haus für dich und deine Familie. Und dann hältst Du ein Zimmer für mich, wenn ich zu Besuch komme.‹ Und später passierte der Mord, da hatte ich aber nichts Schriftliches in der Hand. Das Haus ging in andere Hände über.«*

Rosemarie wohnt 1956 längst in der teuersten Innenstadt-Wohnlage und dem modernsten Quartier Frankfurts, direkt gegenüber dem Eschenheimer Turm und dem Redaktionshaus der Frankfurter Rundschau in der Nummer 41 des Apartmenthauses Stiftstraße 36. Die 75 Quadratmeter große Zwei-Zimmer-Wohnung liegt im vierten Stock, ohne Balkon, nur die Küche besitzt ein Fenster zum Hinterhof. Ihr neues und letztes Zuhause verspricht die gewünschte Anonymität für ihr Geschäft und ihre Kunden. Die Einrichtung entspricht ihrer Sehnsucht nach

Gemütlichkeit und Exklusivität: Perserteppich, Möbel im Chippendale- und Barockstil, ein Ohrensessel, dazu die passende Stehlampe, ein Sofa, ein edler Musikschrank aus dunkel-glänzendem Holz, hier und da etwas Nippes. Sie investierte weiter in ihre 'Karriere' und nahm an Benimmkursen teil. Rosemarie beherrschte den gehobenen Smalltalk, ließ sich in der englischen und französischen Sprache unterrichten und kleidete sich auch stets nach der neuesten Mode. Am 18. Mai 1956 tauscht Rosemarie ihren schwarzen Opel-Kapitän gegen das legendäre schwarze Mercedes SL 190 Cabriolet ein, das – trotz fieberhafter Suche –, bis heute nicht gefunden wurde. Man vermutet, dass der skandalumwitterte Roadster nach Übersee verkauft worden ist. 18.000 Mark kostete das Cabrio damals, Rosemarie zählte das Geld dem Verkäufer bar auf die Hand. Der Luxusschlitten war ihre Eintrittskarte in den erlauchten Zirkel der Frankfurter 1950er-Jahre High Society. Zigaretten Marke Astor rauchend, fuhr die Dame Nitribitt nun auf Männerfang.

Hauptwache in Frankfurt am Main um 1954, im Vordergrund ist Gisela Heck zu sehen

Ein bisschen Glück

Was kaum einer wusste und auch nach ihrem Tod nur wenigen bekannt wurde: Rosemarie hatte neben ihrer steilen Karriere auch ein Privatleben. Sie liebte Musik und hielt sich gerne in Frankfurts Künstlermilieu auf. Und sie liebte gut aussehende, dunkelhaarige, junge Männer.

Irmgard: *»Rosemie ist gerne Tanzen gegangen. Aber mit wem sie tanzte und in den Kneipen saß, na, alles hat sie mir auch nicht erzählt. Schwestern haben ja auch so ihre Geheimnisse. Wenn sie uns besuchte, dann bin ich immer so gerne in ihrer Tasche kramen gegangen, nur so zum Gucken, sie hatte da so schöne Sachen drin. Aber das wollte sie nicht. Dann sagte sie: ›Irmel, das will ich nicht, dass du das machst!‹ Aber sie war nie richtig böse mit mir gewesen deshalb. Ich habe mich wirklich gut mit ihr verstanden. Ich habe sie gern gehabt.«*

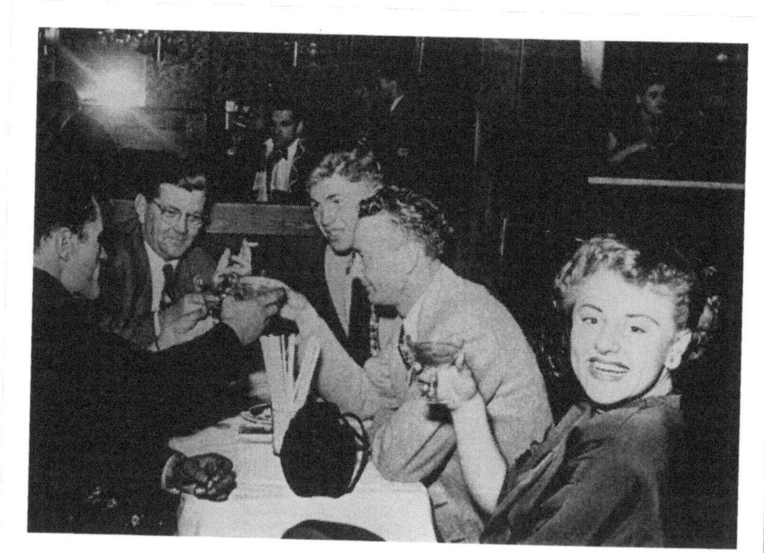

Rosemarie im Restaurant als Tischdame

Man sagte von Rosemaries Mercedes, dass er keine mittlere Geschwindigkeit besessen hat, weil man den SL entweder im Schritttempo an den Bürgersteigen der Innenstadt entlang oder mit rasender Geschwindigkeit durch Frankfurts Straßen jagen sah. Dann veranstaltete sie Wettrennen mit ihren jungen Freunden oder tobte einfach ausgelassen durch die Stadt. Diese jungen Männer waren weder bekannt, noch gut bestückt wie jene Kavaliere, denen sie ihr Luxusappartement und ihr wahrhaft gutes Einkommen verdankte. Ihnen schenkte sie das, was andere teuer bezahlen mussten. Mit ihnen verbrachte sie ihre Freizeit in Bars und Musikkneipen und manchmal auch im Bett.[65]

Frankfurt war zur Zeit der 1950er Jahre in eine besondere Atmosphäre getaucht. Über Jahrzehnte hinweg war es die deutsche Jazzhauptstadt. Damals platzten die Menschen schier vor Lebenslust. Man wollte sich endlich loslassen, sich amüsieren, wann immer man konnte, wann immer der Geldbeutel es zuließ. Die Fresswelle grassierte, dann die Kleiderwelle: die Perlons wurden hochgerollt und die Strapse dazu waren kein erotisches Utensil, sondern die einzige Möglichkeit, den Seidenstrumpf am Bein zu halten. Viel später kam noch die Reisewelle – man lebte und wollte das auch spüren. Die Amerikaner waren beliebt; die proamerikanische Haltung änderte sich eigentlich erst mit dem Vietnamkrieg. Aus den amerikanischen Clubs dröhnte Musik und ›fun‹, sowohl deutsche, wie auch viele Bands aus Holland, Belgien oder Österreich – meist 4 bis 5 Mann stark –, spielten dort Rock´n Roll und Jazz. Und wenn sie in den Clubs fertig waren mit Spielen, dann kamen sie in den Jazzkeller, das älteste Jazzlokal Europas (möglicherweise der Welt). Den Jazzkeller gibt es heute noch, fast unverändert.

Carlo Bohländer, 1919 in Frankfurt geboren, Experte für Swing und Modern Jazz, legte mit Hilfe Frankfurter Musiker, denen er beim gemeinsamen Schutträumen Unterricht in Harmonielehre erteilte[66], einen Gewölbekeller aus den Trümmern frei und errichtete daraus im Juli 1952 den Frankfurter Jazzkeller (›Domicile du Jazz‹). Um auch bei Regen Musik machen zu können, deckte

Bohländer den Gewölbekeller zunächst mit Dachpappe ab. Anfang 1953 wurde dann ein Haus über den Keller gebaut. Seitdem sitzen die Jazzer auf 66 m^2 im Trockenen. Nachdem die afroamerikanischen Einheiten bei der Army 1954 aufgelöst worden waren, wurde auch kein Jazz mehr in den amerikanischen Clubs gespielt. Da bekam der Jazzkeller erst recht Zulauf. Bohländer: »Der Rauch war damals wie heute stark genug, da brauchten die Leute keine Luft zum Atmen mehr! Irgendwie sind es auch immer noch die gleichen Leute wie damals – sie sitzen dicht gedrängt beieinander und swingen gutgelaunt im Rhythmus mit.«

Jazzkeller Frankfurt

Einer, der diese Stimmung miterlebt hat, ist Joe Zawinul (+2007), Urwiener Pianist mit uramerikanischem Welterfolg. Damals war er 25 Jahre alt, hieß Josef Erich Zawinul und hatte den USA-Trip noch vor sich.

Joe Zawinul: *»Die Stimmung in Frankfurt damals war eine ganz besondere – einfach super. Es war zwar nicht viel Geld auf dem Markt und in der Jazzszene sowieso nicht – aber das brauchte es auch nicht. Es genügte Jazz zu hören und zu spielen für'n Bier. Das Feeling war wie ein bißchen Freiheit. Besonders toll war die Atmosphäre bei Carlo Bohländer im Jazzkeller*

›Domicile du Jazz‹, der war jeden Abend knallvoll. Ich erinnere mich noch gut an die Jam Sessions[67] *– das waren die guten alten Jazztage! Alle waren nur gut drauf.*

Es muss im Oktober 1956 gewesen sein, da bin ich im »Domicile« aufgetreten. Ich habe in einer Band gespielt, die hieß ›Fatty George And The Two Sound Band‹. Fatty George war ein phänomenaler österreichischer Klarinettenspieler. Er hatte außerdem den Grazer Oscar Klein als Trompeter, Willi Merwald als Posaunisten, die Grah-Brüder Bill und Heinz und den phantastischen Saxophonspieler Carl Drewo engagiert (der Drewo hat später lange bei Kurt Edelhagen gespielt, während ich nach Amerika abgedüst bin).

An einem Abend wurden verschiedene Stilrichtungen gespielt. Und am Anfang des Abends spielten wir Dixieland. Da habe ich pausiert, weil ich eher ein moderner Musiker war. Ich bin dann in den zweiten Teil des Abends eingestiegen. Die Atmosphäre war auch deshalb so toll, weil die Band so vielseitig war. Das Publikum ging unheimlich mit. Das übertrug sich auf uns Musiker. Da war auch jede Menge ›Jet-Set‹ im Publikum und Rosemarie saß bei denen.«

»Der Joe, der kam immer gut bei den Frauen an«, erinnern sich die Insider der Jazzszene. Er sei ein Ladykiller gewesen, mit Charme und Witz und der Ausstrahlung eines lebenslustigen, hochtalentierten Künstlers. Joe Zawinul sagt von sich selbst: »Ich war ein womanizer, ein junger Mann, you know, in jedem Staat habe ich ein hübsches Mädel gekannt.« Und auch in Deutschland hatte er ein Mädchen. Joe lernte Rosemarie Nitribitt in Frankfurt kennen und war fasziniert von ihr.

Joe Zawinul erzählte mir 1997 im Frankfurter Hof in Mainz:

»Also eigentlich hat Fatty George Rosemarie gekannt. Sie saß an dem Abend da am Tresen und lauschte der Musik und hat ein bisschen herumgeblödelt über Fatty George, aber in einer

netten Art, nicht nervig, auch deshalb ist sie mir aufgefallen, weil ich mich nicht gerne über andere lustig mache. Ich war damals zwar ein leichtlebiger Typ und kam gut an bei den Mädels. Aber so ein Aufreißer war ich nicht. Ich brauche eine Weile, ich bin kein Sprüchemacher. Ich saß also da mehr oder weniger still herum. Und nach dem Konzert, da kamen wir dann ins Gespräch. Fatty George sagte zu mir: ›Pass auf Joe, das ist eine Edelnutte! Die zieht Dir schneller die Hosen aus und das Geld aus der Tasche, als Du gucken kannst!‹
Ich lernte Rosemarie kennen. Wir mochten uns auf Anhieb. Ich weiß auch nicht, irgendwie haben wir Gefallen aneinander gefunden. Fatty warnte mich: ›Joe, die will Dich nur vernaschen!‹ So ungefähr ging dieser Dialog zwischen Fatty und mir. An dem Abend habe ich lange mit Rosemarie geredet. Wir haben zwei Drinks gehabt. Sie trank gerne Sekt. Mein Gott, es ist schon so lange her. Damals war ich 25, jetzt bin ich 65, wir sind praktisch gleich alt gewesen! Aber ich weiß noch, es war ein unheimlich netter Abend irgendwie – es hat uns beiden Spaß gemacht. Sie wurde nie geschäftsmäßig oder kam in irgendeiner Weise auf den Punkt. Es war ein freundschaftliches, sehr menschliches Gespräch. Aber ich kann mich auch noch daran erinnern, dass sie, als wir da zusammen an der Bar gesessen sind, einige Male zum Telefon gegangen ist. Wir haben uns dann spät nachts dort im Jazzkeller voneinander verabschiedet.
Am nächsten Nachmittag hatten wir Probe und Rosemarie war plötzlich wieder da. Sie setzte sich einfach zu uns und hörte unserer Musik zu. Sie stand auf unsere Musik. Naja, und dann fand ich auch noch heraus, dass ich ihr sympathisch war. Und mir gefiel sie auch gut. Dann hat sie mich nach der Probe in ihrem schwarzen Mercedes mitgenommen. Wir sind zu einer kleinen Bar gefahren, ich weiß den Namen leider nicht mehr, da haben wir zwei was getrunken. Auf dem Weg zu dieser Bar, sie fuhr sehr schnell, hätte Rosemarie beinahe eine rote Ampel übersehen. Sie trat fest auf das Bremspedal und der Wagen stoppte abrupt. Ich bin mit meinem Schädel nach vorn gefallen, mein Gott, der hat schön gebrummt! Das hat ihr unheimlich

leidgetan und das wollte sie auch wieder gutmachen. Nachdem wir aus der Bar raus sind, hat sie mich nach Hause gefahren. Erst am nächsten Abend nach meinem Konzert sind wir zu ihr gefahren und da haben wir miteinander geschlafen. Wir haben es beide genossen, wir waren Freunde. Danach sind wir halt noch einige Male miteinander ins Bett gegangen, entweder in dem Appartement, wo ich in der Zeit gewohnt habe oder bei ihr. Fatty George hat sich immer gefreut, wenn ich mit Rosemarie zusammen war. Während ich mit ihr im Bett war, kurvte er solange mit ihrem Cabrio durch die Stadt!

Und nach ungefähr einer Woche bin ich wieder auf Tour gewesen.

Im Sommer 1957 haben wir uns dann noch mal eine Woche gesehen, daran kann ich mich noch gut erinnern, weil es so heiß war! Außerdem war ich da bei den ›German All Stars‹ mit dem Mangelsdorff und anderen sehr guten Jazzmusikern.

Wenn ich so mit Rosemarie zusammen war, hat sie nie großartig von ihrer Vergangenheit erzählt. Nur einmal hat sie gesagt, sie käme von einem kleinen Dorf aus der Eifel. Wenn wir überhaupt etwas miteinander erzählt haben, dann haben wir von der Zeit gesprochen, in der wir gerade lebten. Sie war unglaublich lustig und hatte doch etwas Tieftrauriges in sich. Sie war offen und verschlossen zugleich. Das äußerte sich auch körperlich – aber mehr sage ich nicht dazu! No details!

Sie war meiner Meinung nach nicht sehr gebildet, aber dumm war sie auf keinen Fall. Sie hatte den Instinkt und die Lebensweisheit der Straße. Sie dachte realistisch, nicht verklärt. Sie machte sich nichts vor, machte sich die Dinge nicht schöner, als sie waren. Aber sie wusste, wohin sie wollte und was sie nicht wollte. Vielleicht haben wir uns auch deshalb so gut verstanden, weil wir beide irgendwie von ganz unten kamen. Beide waren wir Gassenkinder – ich der Proletarierjunge aus der Wiener Vorstadt, tja und sie …! Die ›Rose‹, so habe ich sie genannt, hatte Träume. Sie hat gesagt, sie möchte auch einmal nach Amerika, sie will die Welt kennenlernen, sie verdiene genug Geld, um so vieles noch zu erleben. Sie war irgendwie

wild. Und doch war sie auch sehr zahm, ein sensibler, tiefer Mensch. Sie war zart und anhänglich, lieb einfach.
Man lernt so viele Menschen kennen, speziell in meinem Job als Musiker. Ich bin in der ganzen Welt herumgekommen, ich kann mich wirklich nicht an jeden erinnern. Aber an Rosemarie schon. Wir waren ein bisschen verliebt ineinander gewesen. Wir haben uns aber nie Briefe geschrieben oder telefoniert. Wenn ich in Frankfurt war, wusste sie das und dann war sie eben auch da – nicht mehr und nicht weniger. Wie soll ich's sagen: sie war jung, ich war jung, wir hatten eine gute Zeit zusammen. Eine sehr lustige Zeit; sie konnte wirklich witzig sein. Von ihrem Tod muss ich in Europa noch erfahren haben, da war ich wohl gerade in der Schweiz on Tour. Ich weiß nicht mehr, was ich gedacht oder gefühlt habe – ich glaube, ich habe es einfach nicht begreifen können.«

Joe Zawinul in concert 1997: Er ist mittelgroß und hager. Er verstrahlt – trotz seiner 65 Jahre –, jugendliche Kraft. Er bewegt sich behände inmitten einer Burg aus Keyboards, aus der er seine Klangschwalle über das Publikum ergießt. Er tanzt und singt dazu, seine blau-grauen Mäuseaugen lächeln listig, seine Glatze versteckt sich unter einer bunt bestickten Kappe. Mit seinen Fingern haut er auf die Tasten und bringt die elektroni-

Joachim Becker und Joe Zawinul im Zug von Köln zu den Berliner Jazztagen 2005 mit dem Brown Street-Projekt

schen Töne – oh Wunder – ›zärtlich‹ zum Swingen. Er unterscheidet sich eigentlich nur wenig von den Musikern seiner Band Syndicate – dabei könnten die alle seine Söhne sein.

Joe Zawinul ist am 7. Juli 1932 in Wien geboren und ebenda am 11. September 2007 gestorben. In seinen Adern floss ungarisches, tschechisches und – worauf er stolz war – auch Sinti-Blut. Er tourte durch Europa und wanderte schließlich 1959 nach Amerika aus. Ein Stipendium des Berklee College of Music hatte ihn nach Boston verschlagen. Doch statt im Hörsaal zu sitzen, holte ihn der Trompeter Maynard Ferguson in seine Big Band nach New York. Er begleitete später die Sängerin Dinah Washington, spielte mit Cannonball Adderley vor überwiegend afroamerikanischem Publikum. Produzierte mit Miles Davis das Album ›Bitches Brew‹, das als Grundstein für die Fusion von Jazz und Rock gilt. Zawinul komponierte Welthits wie »Mercy, Mercy, Mercy« und »Birdland« und »In A Silent Way«.

In den 70ern gründete er zusammen mit Wayne Shorter die legendäre Band ›Weather Report‹, die fünfzehn Jahre lang das Flaggschiff des Genres Jazzrock war: »Skizzenhafte Melodien, alles, was Synthesizer und ähnliche Apparate hergeben und eine Milchstraße von Rhythmen.« Nach der Auflösung der Gruppe widmete sich Zawinul, ausgestattet mit einem geradezu dickschädeligem Selbstbewusstsein, abwechselnd seiner Solokarriere und seiner neuen Band ›Syndicate‹.

Auf seiner Ethno-Jazz-CD ›My People‹ arrangiert und produzierte er die Musik des afrikanischen World-Beat-Sängers Salif Keita aus Mali. Dafür verstärkte er seine Stammtruppe mit Musikern aus 16 Ländern und schaffte Klanglandschaften, die nach seinen Worten »hip, voller Seele und tanzbar« waren. Darauf angesprochen, wem denn so etwas gefallen soll, antwortete er lakonisch im Wiener Slang: »Wann's wem gfoallt, s'gut. Wann ned, moach ich's sowieso troatzdem.«

Über seine Romanze mit Rosemarie hatte Joe nie öffentlich gesprochen. Nur seinem Freund Joachim Becker gegenüber erzählte er einmal geheimnisvoll von dem »feschen Has« aus dem

Frankfurter Jazzkeller. Becker, Deutschlands bekanntester Jazzplattenproduzent und zweifacher Grammy-Preisträger, ging im Hause Zawinul in Malibu ein und aus. Für ihn war dort auch stets ein Zimmer reserviert. Zusammen hatten sie sechs Platten produziert und postum 2010 den zweiten Grammy gewonnen. Die Erinnerung an Rosemarie kommen Oktober 2001 wieder, als die Aufnahmen für Zawinuls Album »Faces and Places« in Malibu beginnen. Joachim Becker, selbst auch Jazzmusiker, stammt aus der Eifel, ging ins Mayener Megina Gymnasium. In der Klasse war auch Joachim Oster gewesen, der Sohn von Maria Oster, die Rosemarie als Fürsorgerin in Mayen betreut hatte. Das hatte Joachim Becker Joe Zawinul natürlich erzählt. Als Grafik-Designer hatte Joachim Oster schon einige Platten für Zawinul gestaltet und sollte nun auch das Cover und Booklet für »Faces and Places« entwerfen.

Joachim Oster: *» Ich lebte von 1988 bis 2005 in New York. Zawinul war ein absoluter Nachtmensch. Nach seinen Konzerten im Blue Note hatte ich ihn dort immer aufgesucht und ihm meine Ideen für die Cover und Booklets vorgestellt. Das Blue Note war nur ein paar Blocks von meiner Wohnung in Manhattan entfernt. Für die CD »Faces and Places« flog ich dann aber nach Malibu, um die die Portrait Shoots zu machen und um das jeweilige Design abzusprechen. Joe wusste natürlich von der mütterlichen Verbindung zu Rosi und ich um seine. Und so setzte ich Rosemarie im Booklet neben den Autor Jorge Luis Borges, weil Rosi schlau war. Ich setzte sie in die Wüste unter einen Sternenhimmel, weil Rosi keine Zeit zum Reisen blieb. Ein Teleskop stand neben ihr, weil sie immer genau hinschauen konnte. Ihre langen Beine schwingen aus einem American Muscle Car, weil sie Autos liebte und ihre vollen Lippen blasen selbstbewusst den Zigarettenrauch in die Luft. Joe starrte mein Layout lange an. Dann sah er mich an, schmunzelte verschmitzt, wie vielleicht nur ein gebürtiger Wiener das halt so kann, nickte und meinte: »Servus, di Rose. A fesche Katz. Dös is ois guat so. Mei Gattin sogst oba nix, Hawara!«*

Dabei war Rosemarie für Joes Ehefrau gar kein Thema. Joe lernte seine Maxine 1959 in New York, und zwar im berühmten Jazzclub Birdland, kennen. Sie kam aus Chicago und war das erste afro-amerikanische Playboy Model überhaupt. Mit dieser ungewöhnlichen Beziehung stellten Joe und Maxine alle Konventionen auf den Kopf, während sie gleichzeitig darauf vertrauten, dass Musik Menschen auf der ganzen Welt unabhängig von Sprache und Kultur erreicht und verbindet. Sie waren über 40 Jahre lang glücklich miteinander verheiratet und hatten zusammen drei Söhne, Erich († 2021), Anthony und Ivan. Die Brüder mussten 2007 aber nicht nur den frühen Tod ihres Vaters mit 75 Jahren, sondern auch jenen ihrer Mutter Maxine betrauern, die nur wenige Wochen vor ihrem Mann verstorben war.

Die Begründung, warum ich Joe Zawinuls Geheimnis als Erste publizieren durfte, kam lakonisch und sehr freundlich: »Das ist halt schon so lange her, diese love affair. Damals war ich noch jung und wild! Heute bin ich ein ruhiger, alter Mann.« Und da war es wieder zu sehen, dieses verschmitzte Schmunzeln.

Noch einmal zu Hause

Jugendfreundin Christine Vollmer: *»Ich habe sie am 2. Weihnachtsfeiertag 1956 wiedergesehen. Da kam sie zu mir ganz kurz nach Hause. Ich war ja schon längst verheiratet. Und an ihren Besuch kann ich mich auch deshalb noch so gut erinnern, weil unser Sohn an Weihnachten krank geworden ist. Erst da erfuhr ich, dass sie in Frankfurt wohnte, weil sie mir das erzählte. Sie war nicht glücklich. Sie blieb auch nur kurz und beim Verabschieden an der Haustür sagte sie zu mir: ›Ich beneide Dich!‹ Das konnte ich überhaupt nicht verstehen. Wenn jemand das sagt und so toll aussieht wie sie, also sie war eine elegante, schlanke, teuer gekleidete Frau mit schickem Wagen, dann muss ich davon ausgehen, dass sie nicht glücklich war in*

Frankfurt! Das war das Letzte, was ich von ihr gesehen und gehört habe. Sie hat kein Wort darüber verloren, woher sie das Geld für diesen Luxus hatte. Das habe ich alles viel später nach ihrem Tod aus den Zeitungen erfahren.«

Margareta Becker: *»Einmal hab' ich sie noch gesehen. Das war im Frühjahr oder Sommer 1957. Da kam sie mit so einem großen offenen Sportwagen, der stand da so auf der Straße. Und sie hatte einen riesigen Hut aufgehabt. So etwas Elegantes.«*

Nachbarin Margarethe Klasen: *»Später hab ich sie mal gesehen, da kam sie in einem Cabriolet angefahren. Unten an der Bahnhofstraße hielt sie an. Sie war sehr schick, nett anzusehen und gertenschlank! Und sie hatte immer noch dieses hübsche Lächeln. Und wir begrüßten uns sehr nett und ich sagte: ›Na Rosemarie, wo wohnst du denn jetzt?‹ Und sie sagte, ich meine Wiesbaden oder Mainz, hätte sie gesagt. Und dann fragte ich sie, wie es ihr denn ginge.*
Sie sagte: ›Danke, es geht mir sehr gut.‹ ›Ja‹, sage ich, ›bist du denn verheiratet?‹ ›Nein, nein‹, sagte sie, ›ich bin verlobt mit einem Schweizer!‹ Ja, und das war alles. Und dann saß da noch so eine nette Dame neben ihr, die waren beide so gut angezogen, adrett. Rosemarie war immer noch so charmant, wie sie es schon als Kind hatte. Sie hatte Ausstrahlung.«

Adolf Bous: *»Ich habe sie ja noch kurz vor ihrem Tod gesehen! Als ich sie da gesehen habe, hatte sie eine Kollegin dabei. Die hat den Wagen gefahren. Da war was los hier in Niedermendig! Hier konnte man sich doch so was nicht leisten. Das war ruckzuck im Dorf rum.«*

Irmgard: *»Ende August 1957 kam meine dritte Tochter zur Welt. Sie ist das Patenkind von Rosemarie. Meine Schwester hat für sie den Namen ausgesucht und Rosemarie wollte, dass das Mädchen Rebekka heißt. Aber sie hat Rebekka nicht mehr zu sehen gekriegt. Zur Taufe konnte Rosemarie nicht kommen* *und Allerheiligen ist das mit meiner Schwester passiert! Da haben sie sie ja in ihrer Wohnung gefunden. Ermordet!«*

Jähes Ende

Wie die Brillanten funkeln! Rosemarie, über die Ladentheke des Juweliergeschäftes Koch gebeugt, lässt ihre Finger im Schein der Lampe auf- und abtanzen. Schließlich richtet sie sich auf und streift den Dreikaräter sanft ab. Sie legt ihn aber noch nicht in die Samtschatulle. Charmant lächelnd, bittet sie den Juwelier, ihr den Ring eine Woche zurückzulegen. Der Geschäftsmann nickt. Natürlich wird er den Brillantring für Rosemarie Nitribitt aufheben. Sie ist eine gute Kundin und sie hat ihre Schmuckstücke stets sofort und in bar bezahlt. In Anbetracht des Kaufpreises, 18000,00 DM, wird er gerne eine Woche warten. Er wartet vergebens. Rosemarie kann sich ihren Wunsch nicht mehr erfüllen.[68] Am Freitag, dem 1. November 1957, wird Rosemarie Nitribitt, 24 Jahre alt, erwürgt in ihrer Wohnung von der Polizei aufgefunden. Man vermutet: ›Rosemaries letzter Kavalier war ein Mörder‹[69].

Friedrich Laubenthal, Schulkamerad: *»Ich war 1957 auf der Meisterschule in Frankfurt, als ich von ihrem Tod erfuhr. Und da hieß es auf einmal: die Nitribitt ist umgebracht worden. Und da war natürlich im Bahnhofsviertel die Hölle los: Nachtausgabe, Spätausgabe – jede Zeitung, die über den Mord berichtete, ging weg wie die warmen Semmeln. Die Zeitungsverkäufer brauchten sie nicht mehr anbieten, sie wurden ihnen aus den Händen gerissen. Und dann sind wir noch in das Viertel gegangen, in die*

Tatort

Stiftstraße, wo sie gewohnt hatte, aber da war nichts zu sehen außer einer riesigen Traube von Menschen, die wohl alle wissen wollten, wie und wo sie gewohnt hat. Das war noch lange Gespräch unter uns und auch hier in Mendig hat jeder darüber gesprochen. Kein Mensch wollte glauben, dass die so viel Geld und Vermögen erworben hatte! Aber das war ebenso. Und das Thema kochte auch immer wieder hoch, wenn etwas im Fernsehen gezeigt wurde oder in der Zeitung zu lesen war. Vorm Fernseher haben sie alle gehockt, weil wir sie doch kannten und weil alle sehen und wissen wollten: wer bei ihr aus- und eingegangen ist und wer ihr Mörder war.«

Irmgard: *»Das vergesse ich in meinem Leben nicht. Ich war damals 22 Jahre und Rebekka zwei Monate alt. Ich war gerade bei uns im Porzellan- und Haushaltswarengeschäft, da kam der Herr Bell, der wohnte ja auch auf dem Bauernhof und der sagte ganz aufgeregt: ›Irmgard!‹ ›Ja, was ist denn?‹ fragte ich. ›Im Radio haben sie gebracht, deine Schwester ist tot!‹ Ich sagte: ›Ach was, das stimmt doch nicht, Quatsch!‹ Aber der Herr Bell guckte so aufgeregt und da bin ich doch gleich nach Hause gelaufen. Meine Pflegeeltern haben erst mal nichts gesagt. Die haben aber so komische Gesichter gemacht. Und dann hab ich sie gefragt: ›Hört mal, der Herr Bell hat gesagt, meine Schwester ist tot. Das hätten sie im Radio gesagt!‹ Meine Mutter hat dann meinen Vater angeschaut und dann hat sie gesagt: ›Es hilft ja nichts, wir müssen es ihr ja sagen.‹ Und dann hat sie es mir gesagt. Und nachts haben wir einen Anruf von Frankfurt gekriegt. Ein Mann war am Apparat, er nannte seinen Namen nicht. Er hat uns alles über den Mord und die Ermittlungen erzählt. Ich weiß aber bis heute noch nicht, wer uns da angerufen hat!*

Ich musste ja auch damals nach Frankfurt aufs Präsidium, weil sie mich verdächtigt haben. Meine richtige Mutter ja auch. Aber so schlimm sie auch war, so etwas habe ich ihr dann doch nicht zugetraut.«

Margarethe Klasen: »*Wie das passiert war mit ihr: also die Leute hier in Niedermendig waren schockiert, als sie das alles so über sie erfuhren.*«

Christine Vollmer: »*Durchs Radio habe ich von ihrem Tod gehört und ich fand es sehr schlimm. Sie war doch so auf der Suche gewesen nach Geborgenheit und Familie. Ich meine, in den Filmen ist der Mensch Rosemarie überhaupt nicht richtig dargestellt worden. Aber letztendlich kann ich die Jahre in Frankfurt auch nicht beurteilen, denn Menschen verändern sich ja auch.*«

Weder in der Mayener Kreiszeitung, Andernacher Volkszeitung noch in der Rhein-Zeitung ist etwas über Rosemarie Nitribitts Ermordung oder gar eine Todesanzeige zu finden. Nur die Frankfurter Gazetten überschlagen sich mit Meldungen über den Mordfall. Dagegen ist im Niedermendiger Nachrichtenteil Lehrer Knischels Dienstjubiläum von regionalem Interesse.

Mayener Kreiszeitung

Sa./So. 8./9. November 1957

Lehrer Wilhelm Knischel feierte am 8. November 1957 sein 40. Dienstjubiläum. Der 60-jährige Jubilar stammt aus Staudernheim an der Nahe. Seit dem 1. November 1936 ist er an der Niedermendiger Volksschule tätig. Zurzeit unterrichtet er in seiner Klasse drei Jahrgänge: die 4.5. und 6. Knabenklasse. Der Jubilar ist wegen seines gerechten gütigen Wesens und seiner großen pädagogischen Kenntnisse bei der Schuljugend und bei der Bevölkerung beliebt und geachtet. Lehrer Knischel obliegt auch die Ausbildung des Kinderchores, der schon bei so vielen Anlässen die Erwachsenen erfreut hat.

Das letzte Geleit

Rosemarie Nitribitt wird Montag, dem 11. November 1957 auf dem Düsseldorfer Nordfriedhof beigesetzt. Ohne geistlichen Segen und ohne Grabrede. Keiner der zahllosen Kavaliere Rosemaries gibt ihr ein letztes Geleit. Nur ihre Schwester und wenige Familienangehörige folgen dem Sarg, der im Beisein zweier Kriminalbeamte in das Grab versenkt wird. Unter den Anwesenden ist auch die Mutter, die ihre Tochter zu Lebzeiten nicht begleitet hat.

Irmgard: *»1957 habe ich, als das mit meiner Schwester passiert war, da habe ich meine Mutter in Düsseldorf aufgesucht. Ich hätte mich gefreut, wenn mein Kind zu mir gekommen wäre, hätte es mal in den Arm genommen, aber die hat mich so fertig gemacht und war so was von frech! Die hatte nur Angst wegen des Vermögens gehabt. Meine Mutter hatte uns ja auch damals entmündigt!«*

›Unrühmliches Ende eines kurzen, bewegten Lebens‹ kommentiert die Neue Ruhr Zeitung einen Tag nach der Beerdigung. Noch unrühmlicher empfindet Irmgard die Schlammschlacht um die Erbschaft. Die Mutter, gesetzliche Alleinerbin, und Irmgard haben sich beide Rechtsanwälte genommen, um den Streit gegeneinander auszutragen. Der Wert des Nachlasses wurde vom Nachlassgericht auf 120000 DM festgesetzt – für damalige Verhältnisse eine sehr große Summe.

Irmgard: *»Ich wollte wenigstens meinen Teil der Erbschaft für meine Kinder. Rosemarie hatte sie immer gern gehabt. Meine Schwester hatte so viel Geld und auch so viel Schmuck. Aber ich habe nicht einen Teil geerbt, hat alles meine Mutter kassiert. Wie meine Mutter 1992 gestorben ist, da waren da* *weder Papiere über meine Schwester, noch sonst irgendetwas mehr dabei. Nichts. Dabei hatte meine Mutter es immer gut gehabt. Der Hoffmann, der hatte bei den Stadtwerken gearbeitet. Meine Mutter bekam, als er gestorben war, Rente, über 2000 Mark! Die hatte wirklich Glück gehabt.«*

»Nichts Besseres ist darin denn fröhlich sein im Leben«. Dieser volkstümliche Sinnspruch steht auf Rosemaries Grabstein.

Epilog

Meine Erfahrungen bei der Recherche

Die Recherchen über die Kindheit und Jugend Rosemaries waren manchmal mühsam und frustrierend, unter anderem, weil das Auffinden von Quellen sich schwierig gestaltete. Viele Personalakten sind in den Wirren des Krieges verloren gegangen und die Quellenlage für die frühe Nachkriegszeit ist meist auch nicht besser. Und wenn Personalakten aus den ersten Nachkriegsjahren vorhanden sind, ähneln sie inhaltlich oft einem Stück Schweizer Käse: sie sind lückenhaft, unvollständig. Mit dieser Tatsache konnte ich mich allmählich arrangieren und hatte schließlich auch Glück! Rosemaries Fürsorgeakte von 1947 und die Akte des Amtsgerichtes waren noch nicht im Reißwolf verschwunden.

Das war es auch nicht, warum ich ein-, zweimal kurz davor war, das Projekt »Nitribitt« sterben zu lassen. Es waren die unerwartet heftigen, zum Teil sogar feindlichen Reaktionen einiger Zeitzeugen aus Mendig, Mayen und Andernach auf meine Fragen über Rosemaries Kindheit. Neben Äußerungen wie: »Tote soll man ruhen lassen!«, »Warum wirbeln Sie so viel Staub auf!«, »Was wollen Sie damit eigentlich bezwecken!«, »Das war doch nur eine Nutte, was soll denn das ganze Aufhebens um so eine! Sie sollten lieber was Vernünftiges berichten!«, wurden mir Türen vor der Nase zugeschlagen, Briefe nicht beantwortet, fest zugesagte Interviewtermine kurzfristig abgesagt, ein Drehtermin boykottiert und mit einer Anzeige wegen »Unfugs und Erregung öffentlichen Ärgernisses« gedroht. Es gab aber auch etwas zum Schmunzeln. Auf meine Bitte um ein 1950er Jahre-Foto von einem Gebäude, dem ›Mayener Schützenhof‹, antwortete mir die Ehefrau eines Mannes, der über eine beachtliche Sammlung von Fotos verfügt: »Mein Mann ist nicht da und den können Sie auch nicht sprechen. Und überhaupt, was wollen Sie denn? Mein Mann hatte doch mit der gar nichts zu tun. Der war doch viel zu jung damals!«

Durch diese Reaktionen wurde mir deutlich, wie hochexplosiv das Thema Rosemarie Nitribitt heute noch ist! Rosemarie lebt in den Köpfen vieler Mendiger und Mayener Bürger. Sie ist der ungeliebte, ungewollte Star, dessen man sich fürchterlich schämt: 40 Jahre nach ihrem Tod und 55 Jahre, nachdem sie als Kind mit anderen Kindern auf den Straßen Niedermendigs spielte. In einer Zeit, in der der Beruf Prostituierte längst salonfähig geworden ist, in der sich Huren organisieren und in den Medien präsentieren. Kirchenmagazine offen über das ›veränderte Sexualverhalten‹ diskutieren und Swingerclubs in Mode sind.

Offensichtlich ist man in ländlichen Gegenden noch zurückhaltender. Dörfer haben eigene Gesetze. Jeder kennt jeden und wenn einer aus der Reihe tanzt, macht das sofort die Runde: »Wie sind Sie denn auf mich gekommen? Wer hat Ihnen was von mir erzählt?«, »Ich könnte Ihnen was erzählen! Aber ich tu's nicht. Nee, nee. Außerdem haben wir ein Geschäft!«, »Wenn die Nachbarn erfahren, dass ich mit Ihnen gesprochen habe!«, »Kommen Sie bloß rein ins Haus, das müssen wir doch nicht auf der Straße besprechen!«, »Sie erwähnen aber auf gar keinen Fall meinen Namen, meine Kinder leben ja noch in Mendig!«, »Was glauben Sie eigentlich, was hier los ist, was ich von den Nachbarn zu hören bekomme, weil ich Ihnen was erzählt hab'!«, »Hören Sie, mein Mann ist hier hoch angesehen und hat einen öffentlichen Posten! Da werde ich dem doch nicht schaden! Ich sag' nichts.«

Ich habe mir daraufhin überlegt, ob ich, ein Wohlstands-Stadtkind Jahrgang 1960, das Recht habe, die dörfliche ›Ordnung‹ zu stören. Ganz entschieden: ja. Rosemarie Nitribitt ist eine Person des öffentlichen Interesses, und das nicht erst seit meiner Recherche. Sie ist ein Stück Zeitgeschichte, ein unaufgeklärter Mordfall, vor allem aber ist sie ein Mensch. Und ihr, in vielen Farbschattierungen sich zeigendes Leben, darf nicht reduziert werden auf Gut-Böse, Schwarz-Weiß.

Ich habe großes Verständnis für diejenigen, die aus Angst vor Sensationsberichterstattung ihre Aussage verweigerten. Deshalb möchte ich den Zeitzeugen herzlich danken, die mir ihr Vertrauen schenkten und sich in meinem Buch geäußert oder Bildmaterial zur Verfügung gestellt haben. Sie trugen dazu bei, das Leben von Rosemarie Nitribitt ein bisschen näher zu beleuchten und dem Menschen Rosemarie Nitribitt einen Schritt weiter gerecht zu werden.

Rosemarie Nitribitt: Lebensdaten

1933

01. Februar	* in Düsseldorf als Maria Rosalie Auguste

1935

20. August	* Halbschwester Irmgard Maria

1936

05. Dezember	Rosemarie und Irmgard im Kinderheim St. Josef in Eschweiler bei Aachen

1937

04. April	* Halbschwester Lieselotte

1938

12. Dezember	alle drei Nitribitt-Töchter im Kinderheim St. Josef in Düsseldorf-Heerdt

1939

Fronleichnam	Rosemarie und Irmgard kommen nach Niedermendig zu Pflegeeltern
September	Einschulung

1942

12. April	Erstkommunion

1947

06. Mai	Pfarrer Viktor Kiefer schreibt an das Kreisjugendamt Mayen mit der Bitte um Fürsorgeerziehung für Rosemarie Nitribitt
22. August	Das Amtsgerichtes Mayen beschließt die vorläufige Fürsorgeerziehung. Rosemarie kommt in ein Fürsorgeheim.
22. September	Erziehungsheim Raphaelshaus in Dormagen
26. September – 31. März 1950	2 ½ Jahre Erziehungsheim in Marienheim in Hagen-Haspe

1948

11. Mai	Das Amtsgericht Mayen beschließt die endgültige Fürsorgeerziehung für Rosemarie

1949

30. Dezember	Hochzeit der Mutter Maria Nitribitt mit dem Maurer Herbert Hoffmann

1950

06. April	1. Anstellung als Haushaltshilfe in Andernach
Mitte/Ende	2. Anstellung als Zimmermädchen in Andernach 3. Anstellung als Haushaltshilfe in Miesenheim

1951

Februar	Rosemarie wird wiederholt in Frankfurt von der Polizei aufgegriffen, kommt dort in das Monikaheim und reißt immer wieder aus.
20. Februar	Einzelhaft im Kloster »Vom Guten Hirten« in Trier
13. März	Rosemarie besucht die Mutter in Düsseldorf
15. März – 10. April	4. Anstellung als Haushaltshilfe in Mayen
18. Mai	Erziehungsheim Monikaheim in Frankfurt
26. Mai	Erziehungsheim Juliaheim in Koblenz
09. August – 29. August	3 Wochen Haft im Jugendgefängnis Frankfurt-Preungesheim wegen Landstreicherei

1952

07. April	Erziehungsheim Kloster Maria Trost in Koblenz
16. April – 15. April 1953	1 Jahr Provinzial – Arbeitsanstalt Brauweiler

1953

15. April	Erziehungsheim Juliaheim in Koblenz
6. Juli	Boppard, Burdengasse 3

01. Dezember	† Nikolaus Elsen in Niedermendig
14. August	Fürsorgeerziehung wird vorzeitig aufgehoben
09. September	Rosemarie meldet sich in Frankfurt an: Palmstraße 13, Nordend; dann Umzug in die Eschersheimer Landstraße 11, Frankfurter Westend

1954

01. Februar	Rosemarie wird volljährig

1955

15. Juni	† Anna Maria Elsen in Niedermendig
	Rosemarie wohnt in der Pension Noell, Feuerbachstraße 30, Frankfurter Westend

1956

März	Umzug in die Stiftstraße 36, Innenstadt

1957

29. Oktober	† Rosemarie Nitribitt (vermutlicher Todestag)
01. November	Rosemarie wird ermordet in ihrem Appartement aufgefunden
11. November	Rosemaries Beerdigung in Düsseldorf

1960

20. Juni — Prozeßbeginn in Frankfurt

13. Juli — Freispruch für Heinz Pohlmann / Prozessende

1981

03. Mai — † Herbert Hoffmann

Irmgard verläßt Niedermendig und zieht nach Düsseldorf

1984

† Lieselotte Bittner (Nitribitt)

1992

15. Januar — † Maria Hoffmann geb. Nitribitt

Endnoten

1 Polizeivernehmungsprotokoll von Heinz Pohlmann vom 19.12.1957; S.72
2 Schwurgerichtsanklage gegen Heinz Pohlmann vom 11.3.1960, Bl. 1891
3 Schwurgerichtsanklage gegen Heinz Pohlmann vom 11.3.1960, Bl. 870 ff.; Neue Ruhr Zeitung, 7.11.1957; Frankfurter Stadt Rundschau, 20.10.1977; FRP, 30.11.1957; Die Welt, 4.6.1970
4 Neue Ruhr Zeitung, 7.11.1957; FRP, 30.11.1957
5 Neue Revue, Nr.51, 12.12.1997
6 Polizeivernehmungsprotokoll von Heinz Pohlmann vom 19.12.1957; S. 10
7 Der Spiegel, 11.2.1959
8 Frankfurter Rundschau, 5.12.1959
9 Der Spiegel, 9.12.1959
10 Frankfurter Neue Presse, 2.11.1977
11 Der Spiegel, 51/1957
12 Der Spiegel, 7/1959
13 Frankfurter Neue Presse, 30.7.1968; Frankfurter Allgemeine Zeitung, 30.7.1968; Frankfurter Rundschau, 31.7.1968; Frankfurter Allgemeine Zeitung, 18.1.1986
14 Frankfurter Neue Presse, 27.10.1967: Wdh. des Berichts von R.K. »Der Fall Nitribitt, Gespächsstoff einer Stadt« vom 9.11.1957
15 Von Maria Nitribittt ist bekannt, dass sie, erstens, von 3 verschiedenen Männern 3 Töchter bekommen hat und sich nicht um sie kümmerte, was die Großmutter Rosemaries, laut Irmgard, »sehr erbost« habe. Zweitens, dass Maria Nitribitt Anfang der 40er Jahre einige Zeit im Düsseldorfer Gefängnis inhaftiert gewesen war, und drittens, dass sie 1944 vier Monate in der Erziehungsanstalt Kloster Maria Trost verbracht hatte.
16 Fürsorgeakte 1947–1952
17 »Leichte Kavaliere«, 1935
18 Werbeaktion für das Apollo -Theater im Mai 1933
19 Die Aktion für das Apollo – Theater war 1934/35. Camilla Meyer stürzte 1936 in Kopenhagen tödlich ab.
20 Die Stadt Mendig wurde aus der Stadt Niedermendig und der Stadt Obermendig gebildet. Bis 1969 bestanden sie als selbständige kommunale Gemeinwesen mit eigener Entwicklung und Struktur.
21 Name der Zeitzeugin bekannt
22 Name des Zeitzeugen bekannt
23 Name der Mitschülerin geändert
24 Name des Zeitzeugen bekannt
25 Das Spiel ist auch bekannt unter dem Namen »Deutschland erklärt den Krieg ...«.
26 Benediktinische Monatsschrift »Erbe und Auftrag«, Beuron 59/1983, Aufsatz Pater Burkhard Neunheuser:« Widerstand in einer kleinen Landpfarrei«
27 Name bekannt / Unterhaltsakte 1945

28 Name der Zeitzeugin bekannt

29 Name der Zeitzeugin bekannt

30 Name der Zeitzeugin bekannt

31 Benediktinische Monatsschrift »Erbe und Auftrag«, Beuron 59/1983, Aufsatz Pater Burkhard Neunheuser: »Widerstand in einer kleinen Landpfarrei«

32 Aus dem Beiblatt zum Pfarrbrief Nr.27 vom 10.Juli 1983. Bericht Pater Burkhard Neunheuser: »Vor 40 Jahren«

33 Aus dem Beiblatt »Zum Pfarrbrief« vom 31. Januar 1985. Bericht Pater Burkhard Neunheuser: »Vor 40 Jahren«

34 (Spitzname für den einfachen Soldaten, bedeutet »Government Issue« – Eigentum des Staates)

35 Aus dem Beiblatt »Zum Pfarrbrief« vom Sonntag, den 18. März 1985. Bericht Pater Burkhard Neunheuser: »Vor 40 Jahren«

36 Name der Zeitzeugin bekannt

37 Aus dem Beiblatt »Zum Pfarrbrief« vom Sonntag, den 18. März 1985. Bericht Pater Burkhard Neunheuser: »Vor 40 Jahren«

38 Aus dem Beiblatt »Zum Pfarrbrief« vom Sonntag, den 18. März 1985. Bericht Pater Burkhard Neunheuser: »Vor 40 Jahren«

39 Veröffentlichungen aus dem Pfarrarchiv St.Cyriakus-Mendig vom 1.1.1982, Erinnerungen von Pfarrer i.R.Victor Kiefer.

40 Ein Überbleibsel in mancher Nachkriegsfibel sind z. B. die Geschlechterrollenklischees. Themen wie moderne Arbeitswelt, Industrialisierung oder die Berufstätigkeit der Mütter waren weitgehend ausgeklammert. Liebe, ordentliche, fleißige Kinder in einer »heilen Welt« bevölkerten die Fibelseiten. Diese Welt war zwar bunt und kindgerecht bebildert, aber textlich unrealistisch, konfliktvermeidend und moralisierend dargestellt.

41 Name des Zeitzeugen bekannt

42 Chronik aus dem Raphaelshaus Dormagen, Juli, August, September 1947

43 Akte NX II 194 Amtsgericht Mayen, Amtsgerichtsrat Mörsdorf

44 Jahresbericht über die Tätigkeit des Kathol.Fürsorgevereins f. Mädchen, Frauen und Kinder, S. 11–12, 1914–1915

45 Name geändert

46 Prälat Dr. Max Heimbucher: »Die Orden und Kongregationen der katholischen Kirche«, Bd..2, Paderborn 1965, S. 480

47 ALVR 21078 Vortrag des Direktor Corsten am 28.4.1954

48 ALVR 21078 Kurzbericht über Geschichte und Aufgaben der Arbeitsanstalt Brauweiler vom 29.3.1954

49 ALVR 21078: Vortrag des Direktor Corsten vor dem Landesfürsorgeverband Rheinland am 28.4.1954.

50 ALVR 21078

51 ALVR 21078

52 ALVR 21078

53 ALVR 15110:NRZ vom 1.4.1958

54 ALVR 15110: »Aufwärts« (Jugendzeitschrift des Deutschen Gewerkschaftsbundes) vom 29.10.1953.

55 ALVR 15110: Kölnische Rundschau (Landkreis Köln) vom 24.12.1953

56 ALVR 13078: Bericht über die Arbeitsanstalt Brauweiler für die Zeit vom 1.4.56–31.3.57

57 Schwurgerichtsanklage gegen Heinz Pohlmann vom 11.3.1960, Bl. 1154ff.

58 Schwurgerichtsanklage gegen Heinz Pohlmann vom 11.3.1960, Bl. 1207, 3822, 1150, 1193; Der Spiegel vom 25.Februar 1959, Leserbrief von Dr.Ing.W. Berentzen »Call Girls Wohnung«: »(..) belief sich der Baukostenzuschuß auf 4960 DM und war laut Vereinbarung in Jahresraten voll rückzahlbar. Die Wohnung wurde zu den gleichen Bedingungen vermietet wie alle anderen gleichwertigen Wohnungen in meinem Hause. Der Baukostenzuschuß wurde, soweit er nicht schon durch Jahresraten zurückgezahlt war, von mir an die alleinige Erbin der Nitribitt zum Zeitpunkt der Wiederübernahme der Wohnung in meine freie Verfügung voll abgelöst.«

59 Polizeivernehmungsprotokoll von Heinz Pohlmann vom 19.12.1957; S.72

60 Polizeivernehmungsprotokoll von Heinz Pohlmann vom 19.12.1957; S.72

61 Schwurgerichtsanklage gegen Heinz Pohlmann vom 11.3.1960, Bl.1153

62 Ein Opel Kapitän, angeblich ein Geschenk eines Freiers, brachte ihr den Titel »Lady Kapitän« ein. Doch erst ihr Mercedes SL 190 machte Rosemarie legendär.

63 Name der Zeitzeugin bekannt

64 Gemeint ist Anna Maria Elsen, Rosemaries Pflegemutter

65 Schwurgerichtsanklage gegen Heinz Pohlmann vom 11.3.1960, Bl.1154 ff.

66 Mangelsdorff, Albert: Frankfurt am Main. Jazzmusik und grüne Soß, S.20, Freiburg 1990

67 Eine »Jam Session« ist das gemeinsame Spielen und Improvisieren über gemeinsam bekannte Themen. Sie war lange Zeit das tragende Element des Frankfurter Jazzkellers.

68 Schwurgerichtsanklage gegen Heinz Pohlmann vom 11.3.1960, Bl. 870 ff, 647, 1226,

69 Neue Ruhr Zeitung vom 7.11.1957

Bildnachweis

Polizeimuseum Frankfurt (Titel, S. 181)
Privatarchiv Irmgard Körner (S. 11, 27, 113)
Stadtarchiv Mendig (S. 29, 30, 31, 37, 53, 64, 72, 80, 82, 83, 98 u., 121, 166, 167)
Privatarchiv Martina Keiffenheim (S. 32, 35, 40, 103 u., 117, 120, 135, 136, 152, 185)
Peter Weber, Vulkanbrauerei Bendig (S. 36)
Pfarrarchiv Mendig (S. 61, 85, 86)
Privatarchiv Adolf Bous (S. 65)
Landeshauptarchiv Koblenz (S. 93, 114)
Raphaelshaus Dormagen (S. 26, 101, 102, 104, 108, 109, 111)
Schwestern vom Guten Hirten/Dernbach (S. 103 o.)
F. Laubenthal (S. 110)
Stadtarchiv Andernach (S. 116)
Maria Oster (S. 126)
Fotoalbum Gisela Heck; Familie Jochen Oster (S. 141, 143, 169)
Stadtarchiv Koblenz (S. 145)
LVR – Archivberatungs- u. Fortbildungszentrum Brauweiler – Archiv des Landschaftsverbandes Rheinland (S.148, 153, 154, 155, 156)
H. Daners, Frechen (S. 156)
Videoprint Thomas Kettner, Frankfurt (S. 159, 170)
Bill Ramsey/Bear Family Records (S. 162)
Jazzinstitut Darmstadt (S. 172)
Anette Huber (S. 176)

Literaturverzeichnis

Akte N XII 194 zur Fürsorgeerziehungssache Rosemarie nitribitt, Amtsgericht Mayen

Allgemeine Dienst – Anweisung für die Aufseher, Aufseherinnen und Werkmeister der Provinzial – Arbeits – Anstalt zu Brauweiler. Arbeitsanstalt Brauweiler 1906

ALVR = Archiv des Landschaftsverbandes Rheinland: 21078: diverse / 13081 / 15110: Bericht der NRZ vom 26.11.1958 / 15111: Bericht der Kölnischen Rundschau vom 1.7.1960

Arme Dienstmägde Jesu Christi – Festschrift 125 Jahre, Limburg 1976

Bader, Walter: Die ehemalige Benediktinerabtei Brauweiler in Pulheim bei Köln, Neuss 1976

Corsten, Heinrich: Von der Arbeitsanstalt zur Arbeitserziehungsanstalt. In: 2. Sitzung des Fachausschusses für Wohlfahrtspflege 1954, S.1-9; ALVR 21078

Daners, Hermann: »Ab nach Brauweiler ...!« Nutzung der Abtei Brauweiler als Arbeitsanstalt, Gestapogefängnis, Landeskrankenhaus ..., Pulheim 1996

Festschrift: 50 Jahre Rafaelshaus. Dormagen 1977

Focke, Harald/Reimer, Uwe: Alltag unterm Hakenkreuz, Reinbek 1979

Freundeskreis Raphaelshaus: Chronik. Tagebuchblätter aus dem Raphaelshaus in Dormagen von 1934 bis 1959. Köln

Frevert, Ute:Weimarer Zeit und NS-Zeit. In: Ungleiche Schwestern? Frauen in Ost – und Westdeutschland. Katalog, Haus der Geschichte, Bonn 1997

Fürsorgeakte des Kreisjugendamtes Mayen von 1947–1952 »Rosemarie Nitribitt«. Landeshauptarchiv Rheinland-Pfalz, Koblenz

Grube, Frank u. Richter, Gerhard: Alltag im Dritten Reich. So lebten die Deutschen 1933–1945. Hamburg 1982

Hartung, Hans Rudolf: Die Zukunft der Abtei Brauweiler. Vom Benediktiner – Kloster über Bettleranstalt, Landesarbeitsanstalt und Landesklinik zum Kulturzentrum. o. J. In: Sonderdruck, 4 S.

Hausordnung für die Abteilung Arbeitshaus der Landesarbeitsanstalt Brauweiler. In: Fachausschußsitzungsprotokolle »Wohlfahrt«, ALVR 21078, Düsseldorf 1954, S. 2–8

Hausbuch für die deutsche Familie. Hrsg. vom Bundesverband der deutschen Standesbeamten e.V. Frankfurt a.M. 1950

Heimbucher, Max: »Die Orden und Kongregationen der katholischen

Kirche«, Bd..2, Paderborn 1965, S. 480

Hoellen, Michael: Mendiger Märtyrer. Johannes-Verlag, Leutesdorf 1991

Homes, Alexander Markus: Heimerziehung: Lebenshilfe oder Beugehaft? Gewalt und Lust im Namen Gottes. Norderstedt, 2006

Hundert Jahre Fürsorge an der katholischen weiblichen Jugend. Zur Jahrhundertfeier der Kongregation Unserer Frau der Liebe des Guten Hirten 1829-1929, München 1929

Jans, K.-W. / Beurmann, Martha: Öffentliche Erziehung im Rheinland. Aufgabe, Weg und Ziel. Köln

Klein, Hans-Walter: Unbesonnte Vergangenheit. Erlebnisse und Reflexionen 1925–1945, München/Wien 1992

Lilge, Herbert: Deutschland 1945–1963, Hannover 1967

Mangelsdorff, Albert: Frankfurt am Main. Jazzmusik und grüne Soß, Freiburg 1990

Mendiger Ortschronik, Thür/Mayen 1969

Notjahre der Eifel – 1944–49, Meckenheim 1983

Orth. S.: Erziehungsarbeit an den weiblichen Insassen des Arbeitshauses Brauweiler. In: Die Wohlfahrtspflege in der Rheinprovinz, Düsseldorf 1927, S. 207–209

Perlonzeit: Wie die Frauen ihr Wirtschaftswunder erlebten, Berlin 1988

Rheinische Landesarbeitsanstalt »Brauweiler«: Die Geschichte und Aufgaben der Arbeitsanstalt Brauweiler. In: 2. Sitzung des Fachausschußes für Wohlfahrtspflege 1954, S. 2–9

Schallück, Paul: »Arbeit ist Feuer und Hölle«. Strandgut der Zeit in Brauweiler. In: Neues Rheinland 1958, Nr. 4, S. 8–13.

Schneider, Ottmar: Mendig. Berichte, Sagen und Anekdoten aus alter Zeit, Horb am Neckar 1988

Schwurgerichtsanklageschrift gegen Heinz Pohlmann, 11. März 1960, S. 35–43

Siedler, Franz W.: Blitzmädchen. Die Geschichte der Helferinnen der deutschen Wehrmacht, Bonn 1996

Tafel, Griffel, Rutenstock. 150 Jahre Eifeler Volksschulleben, Meckenheim 1989

Uhse, Beate: Mit Lust und Liebe – Mein Leben, Frankfurt / Berlin 1989

Ungleiche Schwestern. Frauen in Ost- und Westdeutschland. Anspruch und Alltag – Gemeinsamkeiten und Unterschiede, Bonn 1997

Universität Koblenz-Landau: Fürsorgeerziehung der 1950er und 1960er Jahre. Stand und Perspektiven der (fach-)historischen und politischen Bearbeitung. Dokumentation des ExpertInnengesprächs in Kooperation zwischen AFET und Universität Koblenz Landau vom 05.03.2008

Vernehmungsprotokoll Heinz Pohlmann vom 19. Dezember 1957, S. 8–29

Waldschmidt: »Fibeln, Fibeln ...«, Berlin 1987

Weber, Annemarie: Immer auf dem Sofa. Das familiäre Glück vom Biedermeier bis heute, Berlin 1982

Wensierski, Peter: Schläge im Namen des Herrn. Die verdrängte Geschichte der Heimkinder in der Bundesrepublik. München 2006

Zeitungsjahrgänge:

Andernacher Volkszeitung 1939–1957

Düsseldorfer Nachrichten 1933–1939

Mayener Nachrichten 1955–1957

Nationalblatt, Gauzeitung Koblenz-Trier, Ausgabe Mayen / Ahrweiler, 1939–1941

Rhein-Zeitung Koblenz, Kreis Mayen / Andernach 1946–1957